健身活力唤醒系列

新手小白学滑雪

《健身活力唤醒》编写组　编
本书主编　李嘉捷　杨阳　单兆鉴

化学工业出版社
·北京·

本书介绍了滑雪运动的特点、发展历程、项目分类以及滑雪场设施、雪况等知识。重点对滑雪运动的装备以及如何掌握高山滑雪技术动作进行了讲解。此外，本书还对国内外著名的滑雪胜地做了简要的介绍。本书旨在帮助滑雪爱好者特别是滑雪"小白"们掌握滑雪的基础知识和基本技能，使他们无论是否在雪季都可以成为他人眼中的滑雪"大神"。

本书逻辑清晰，内容丰富，并且使用风趣的话语叙述了滑雪的方方面面，希望能得到读者的点赞与掌声。

图书在版编目（CIP）数据

新手小白学滑雪/《健身活力唤醒》编写组编. —北京：化学工业出版社，2020.1

ISBN 978-7-122-35699-4

Ⅰ.①新… Ⅱ.①健… Ⅲ.①滑雪－基本知识 Ⅳ.①G863.1

中国版本图书馆 CIP 数据核字（2019）第 241849 号

责任编辑：宋 薇　　　　　　　　　装帧设计：张 辉
责任校对：刘 颖

出版发行：化学工业出版社（北京市东城区青年湖南街 13 号　邮政编码 100011）
印　　装：北京缤索印刷有限公司
889mm×1194mm　1/24　印张 6½　字数 123 千字　2020 年 2 月北京第 1 版第 1 次印刷

购书咨询：010-64518888　　　　　　　售后服务：010-64518899
网　　址：http://www.cip.com.cn
凡购买本书，如有缺损质量问题，本社销售中心负责调换。

定　　价：49.80 元　　　　　　　　　　　　　版权所有　违者必究

前言

欢迎来到滑雪世界。当你翻开这本书时,我就知道你是对滑雪感兴趣的。你或许只是名滑雪"小白",抑或是已经具备了些滑雪基础。不过就算你对滑雪的认识只停留在电视中看过几场滑雪比赛,你也能感受得到当滑雪运动员从山上滑下来时,这项运动给他们带来的兴奋。

滑雪是一项神奇的运动。它起源于我国新疆寒冷多雪的阿勒泰地区,当地人发明了雪上的代步工具——滑雪板,并常在狩猎时使用。如今,滑雪不仅作为一项体育运动,而且更像一种"社交圈子"。当你发现身边有个人,通过他们的穿戴或装备让你判断出他也是个滑雪者时,你会立即产生出一种联系感。所以,我们说:滑雪可以改变你的身份,改变你的生活。

当你在雪场上自由驰骋时,犹如飞翔一般,现实社会的种种纷扰皆被抛开。这使得滑雪"小白"们会很快对滑雪上瘾,并希望自己迅速成为滑雪"大神"。这一点并不容易,但他们确实想融入这个圈子。因此,大多数滑雪者都希望向别人表现出自己知晓很多滑雪知识,也具备比他们实际更高的滑雪技术。这种心理现象成为本书创作的由来,是贯穿本书始终的逻辑主线——旨在引导滑雪初学者能与雪友讨论滑雪的相关话题,同时能使你在别人眼中仿佛是一名能力出众并极富经验的滑雪"大神"。本书还会介绍一些关于高山滑雪技术易学易练的窍门和方法,让你用你的知识来打动听众,并且没人会发现你在阅读之前可能连"滑降""犁式""平行式""卡宾"这些概念的涵义都不清楚。

滑雪技术的提高只能在雪道上实现，它是一个只能在练习中不断精进技术的过程。但是，无论你是在压雪机压过的硬雪道上，还是在没膝的天然粉雪中滑行，所需要的技能都有着共同之基础。对这些基本知识和基本技能的理解及掌握程度将直接关乎于你能否从初级道上滑下来，关乎于你能否自信地滑雪，关乎于你能否在"双黑钻"道上控制好身体平衡。滑雪"小白"们需要学习技能，滑雪"大神"也要不断修炼技能。虽然这本书提供理论并指导实践，但它终不能替代雪上练习。如何练习以及在哪儿练习都是很重要的，所以我们都会对此进行讨论，以帮你应对不断变化的滑雪环境。

第一章阐述滑雪的特点及《新手小白学滑雪》创作的缘起。

第二章介绍滑雪的起源、发展历程及滑雪的国际组织。

第三章介绍滑雪的项目分类及特点。

第四章介绍滑雪场的地形。滑雪场将雪道按难易程度划分成不同等级并以不同标志区分。本章会向你介绍雪场这些标志的含义及雪场的滑雪导航图、垂直高度差等概念。

第五章详细介绍了滑雪的装备。由于滑雪是一种装备导向型运动，而且装备的选择多种多样，因此本章阐述了关于滑雪装备的选择及养护等知识，还介绍了如果你想成为别人心目中的滑雪"大神"还需准备哪些特殊的装备。

第六章介绍了滑雪场上山的载具及使用时的注意事项。

第七章是高山滑雪技术动作的教学部分。这部分内容是渐进式的，从零基础"小白"的技术入门到高阶动作——卡宾转弯。这一部分的写作目的是指导滑雪技术，并引导滑雪者评估、分析和改进自己的滑雪技术而成为真正的滑雪"大神"。

第八章列举了各种危险的滑雪环境及应对措施。

第九章介绍滑雪场的各种雪况。

第十章向读者介绍了世界上11处闻名遐迩却极富挑战性的滑雪胜地。读者可在阅读之余，筹划自己的滑雪冒险之旅。

第十一章论述了选择滑雪场的标准，介绍了世界上适宜滑雪的国家，以及不同国家著名的滑雪地区。

滑雪对所有年龄段的人来说都是一项极好的运动。《新手小白学滑雪》是滑雪"大神"的养成指南，也是滑雪冒险的入门。你可以从头读到尾，也可以备在手里作为参考。技术指导章节可用于更新基础知识或提高当前水平。最后，我希望每一位滑雪爱好者了解滑雪，并拥有一个安全、愉快的滑雪体验！让我们开始这场滑雪之旅吧！雪道上见……

编写组

2019年12月

目录

1. 这条雪道 1
2. 起源 4
3. 滑雪项目 14
4. 地形 32
5. 装备起来 40
6. 上山 58
7. 滑下山 68
8. 生存的技艺 93
9. 雪的知识 105
10. "十一杀手" 112
11. 适宜的场地 129

参考文献 150

7 这条雪道

> **大多数滑雪者，不论其年龄、性别或能力高低，都喜欢装作具备比他们实际更高的滑雪水平。**

  滑雪是一项绿色环保的健身休闲运动，也是一项令人兴奋刺激的比赛项目。在雪道间穿梭时的感觉会非常自由，可以让你忘掉很多生活中的琐事。一时间，你仿佛跟大自然融为一体了。在雪山中自由穿行的时候，你已经逃离了城市的喧嚣、雾霾、堵车、熊市、领导、同事、考试、房价、柴米油盐……这些跟你一点关系都没有了。你仿佛到了另外一个次元——一个自由的、安静的、透明的、纯粹的、洁白的、天真的、原始的世界。你只能听见板刃摩擦雪面那干净的声音以及风在耳边呼啸的声音，没有什么音乐比这些声音更动听了。

  滑雪时的刺激会让滑雪"小白"们很快就对滑雪上瘾，但他们的技术确实不敢恭维，所以他们中大多都是吹牛高手，这一现象屡见不鲜。几乎所有的滑雪者都会记得他们第一次从初级道滑下而没有摔倒的胜利时刻——自豪感"爆棚"，挺起胸脯，一厢情愿地相信初级道上其他人都对他另眼相看。可事实上，周围的人什么也没做，而是耐心地等着有人摔倒，这样他们就可以在一旁看笑话了。但就在那一刻，机智的滑雪者会总结出一个关于滑雪的深刻结论，**大多数滑雪者，不论其年龄、性别或能力高低，都喜欢装作具备比他们实际更高的滑雪水平。**这个结论是这项运动的心理根源，从这个根源出发就产生了他们平时对幻想达到的水平和滑雪背景知识那最华而不实的言辞。

　　对于这种心理现象，解释起来并不简单，这样一种道理或许会说得通：对于绝大多数滑雪者来说，倘若在冬天你的朋友和家人想约你利用假期时间去雪场滑雪，那么这就会让你的运动水平及身体素质暴露无遗。休眠已久的运动机能，如平衡感和协调性等都必须被重新唤起。更糟糕的是，往往为了面子，你需要表现出与自己并不太相称的坚韧与勇敢。总而言之，**一个人越缺少什么，就越想在别人面前宣扬出什么，以此希望他人能够为自己正名。**这就是为什么尽管许多滑雪"小白"们的心理和身体素质等方面都有待提高，但他们还是觉得有必要用他们的英勇故事来打动那些乐于接受的听众。

2

起源

起源

  英国人一直宣称他们发明了现代高山滑雪,这确实是一项壮举。不过我们不必吹毛求疵。高山滑雪只是当代滑雪几个主要大项中最受欢迎的一项。滑雪运动从项目的角度可划分为:高山滑雪、越野滑雪、登山滑雪、单板滑雪、自由式滑雪、冬季两项等。在平地、缓坡上滑雪被称为"越野滑雪"或"北欧滑雪"(可能是挪威人发明的,而且挪威人至今都非常喜欢);以攀登雪山为主的滑雪被称为登山滑雪,要求滑雪者拥有极好的体能、高超的雪山攀登技术和滑雪基础。单板滑雪又称滑板滑雪,源于20世纪60年代中期的美国,其产生与冲浪运动有关。自由式滑雪在20世纪60年代诞生于美国。事实上,英国人发明了现代高山滑雪比赛,但英国并不是第一个人们将木板绑在脚上作为代步工具的国家。中国人、瑞典人、芬兰人、挪威人及俄罗斯人都曾用木板做过代步工具。

  1993年以来,中国滑雪专业人员对新疆阿勒泰是世界滑雪起源的学说进行了十余年的研究。后又有多学科专家参加研究。2006年1月16日,滑雪、考古、历史等领域的专家会聚于中国新疆阿勒泰市进行了集中研讨,并宣布了关于中国新疆阿勒泰地区是世界滑雪起源地的《阿勒泰宣言》,宣言中指出:阿勒泰地区具备了滑雪起源的一切基本条件,距今至少一万年前阿勒泰人就开始了滑雪活动。2005年在阿勒泰市一个

图2.1 新疆阿勒泰市约1万年前的古滑雪人体抽象岩绘

古岩棚内，发现了一组距今1万~3万年的人体抽象滑雪岩绘画（图2.1）。这是至今为止世界上最早的关于滑雪起源的史证。

现存最古老的"滑雪板"是在瑞典霍廷（Hoting）的沼泽中被发现的，可追溯到公元前2500年。在挪威北部诺德兰郡勒多伊地区曾发现过一幅古代岩画——描绘的是在一个很长的雪橇上，近百人坐在上面进行滑雪。据考证，这幅壁画也可以追溯到大约同一时期。直到19世纪20年代，滑雪才开始发展为一项体育运动，挪威人开始穿着滑雪板在雪地里嬉戏、练习，他们当时非常喜欢这项运动。到了20世纪中叶，挪威人开始为"绅士"举办越野赛。1868年在奥斯陆的一场比赛中，一位名叫桑德·诺尔海姆（Sondre Norheim）的农民发明家出现了，他赢得了每一场比赛（图2.2）。最后人们发现他成功的秘诀是他改进了滑雪板尺寸与固定方式，滑雪板有一个明显的板腰和一个安全的固定绑带。这项发明让滑雪者从此可以旋转跳跃制动，滑雪技术产生了革命性的突破。

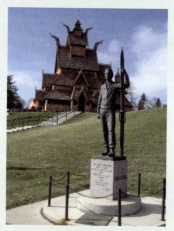

图2.2 坐落于美国北达科他州迈诺特的桑德·诺尔海姆雕塑

桑德后来销声匿迹了，但他的发明却成功通向了1889年在巴黎举行的盛大展览。一位来自瑞士的医生买下了这块"新型"滑雪板，并把雪板带回了瑞士达沃斯，放了自己的阁楼里，然后就把滑雪板忘了。几年后，他的学徒托比亚斯·布兰格（Tobias Branger）发现了这对雪板，随即布兰格和他的兄弟被称为达沃斯的"滑雪板上的跳跃者"。

起初人们并没把滑雪运动太当回事儿，直至亚瑟·柯南·道尔爵士出现（没错，就是那位因成功塑造了大侦探夏洛克·福尔摩斯而成为侦探小说史上最著名的作家）。1893年柯南·道尔爵士与家人来到瑞士的达沃斯，在布兰格兄弟的帮助下，他很快地掌握了滑雪的基本技能。有趣的是，由于当时

起源

滑雪运动在瑞士尚属于新鲜事物,所以布兰格兄弟只是在天黑之后才出来练习滑雪,以免被他人取笑。那时柯南·道尔爵士曾和布兰格兄弟攀登2500米的山峰,然后滑雪穿越迈恩菲尔德小镇富尔卡山口。柯南·道尔爵士把滑雪运动带给人的刺激用文字记录了下来:"你会释放自己……你感觉自己像是在飞,呼吸着沁人心脾的空气。一切是那么的妙不可言。"他曾在《海滨杂志》[1]上预言到将来会有成百上千的英国人冬天会来到瑞士滑雪。果然,在20世纪初,英国牧师亨利·伦恩爵士(Sir. Henry Lunn)来到瑞士阿尔卑斯山,创建了阿尔卑斯体育俱乐部,并与他精心挑选的英国上层阶级成员,共同以温根作为俱乐部成员的滑雪场地。茫然的瑞士人称他们甚至需要通行证才能进入自己的城镇和村庄。

> " 几年间,阿尔卑斯山上几乎无一处山峰不能滑雪,无一处山峰不通火车。 "

随后,英国人坚持称他们要打造通向山顶最方便的方式,因此要建造火车或其他工具。这就恰恰迎合了瑞士人的兴趣。因为众所周知,瑞士人非常喜欢乘坐火车。几年间,阿尔卑斯山上几乎无一处山峰不能滑雪,无一处山峰不通火车。一旦到了山顶,英国人就下车,换上滑雪板,一口气滑到山底。当时的滑雪还属于一种精英阶层的消遣活动,而且其中绝大多数人都是

---

[1] 柯南·道尔爵士大部分小说都曾在《海滨杂志》上连载,包括著名的《福尔摩斯全集》。

英国人。尽管如此，滑雪还是渐渐地流行开来。当苏黎世工程师恩斯特·康斯坦姆（Ernst Constam）1934年抵达达沃斯时，他发明了建造成本较低的拖拽式升降机（见第六章"拖牵"）。拖牵的发明一定程度上促进了滑雪在当地的普及。

滑雪俱乐部

关于滑雪俱乐部，你真正需要了解的是"坎大哈滑雪俱乐部"和"DHO（Downhill Only）纯速降滑雪俱乐部"。坎大哈滑雪俱乐部由亨利·伦恩爵士的儿子阿诺德·伦恩爵士（Sir. Arnold Lunn）于1924年在瑞士穆伦（Mürren）创立。它是阿富汗坎大哈的罗伯茨元帅命名的，显然罗伯茨元帅对这片山脉相当了解。关于坎大哈滑雪俱乐部的精神理念起源于其早期的一次会议。创始人四处寻找合适的徽章或标志，他建议使用简单的字母"K"，但当时人们都不解"K"是什么意思。

1925年2月6日，14名来自英格兰的滑雪者与坎大哈俱乐部进行对决，他们在回转赛和速降滑雪中悲惨失利。失败的队伍无法接受这一事实。同晚，他们在穆伦小镇附近的温根成立了"DHO纯速降滑雪俱乐部"，以一雪前耻为目标（图2.3）。纯速降滑雪俱乐部的准入政策稍微宽松了一些，温根本地人也可以加入。自那之后，两个俱乐部进行了无数次的比赛，也培养了一些出色的滑雪者。时至今日，DHO仍然坚定地致力于培养年青一代滑雪者。DHO目前拥有大约1500名成员，是英格兰最大的滑雪俱乐部。每年冬季，俱乐部成员都相聚温根，尽享惬意的滑雪季。"它是一个成员广泛、持久存续的大家庭。"长期担任温根旅游局主席的卡尔·纳福林（Karl Näpflin）如是说道，他本身也是DHO的成员。起初，甚至有一条规定要求冬天缺席温根的人必须退出俱乐部，但在1927年俱乐部废除了这条规定。

起源

图2.3　早年间的DHO俱乐部成员

从竞技体育的角度来看，DHO已无法再延续起初几年在国际赛事上的辉煌成绩。但即便如此，这家英国俱乐部也是无法避而不谈的存在。DHO如今拥有自己的俱乐部会所，为伯尔尼高原吸引游客和滑雪赛事，并且社交关系广泛（图2.4）。例如，该俱乐部每年邀请所有区域组织的主席参加"总统俱乐部活动"。

高山滑雪俱乐部相继出现促进了高山滑雪的传播。高山滑雪技术和设备都得到了较大的发展。

图2.4　DHO俱乐部徽章

9

▶ 滑雪的传播

1924年，首届冬季奥林匹克运动会在法国霞慕尼举办。举办期间，国际滑雪联合会成立了。国际滑雪联合会在成立后制定了一系列措施促进滑雪运动在国际上的发展。

第一次世界大战后，滑雪运动在阿尔卑斯山地区发展迅猛，但爱好者还仅仅限于精英阶级和当地人。拖拽式升降机的发明虽给当地带来了高山滑雪产业的生机，但高山滑雪运动却始终没有走出欧洲。

直至20世纪60年代以后，世界各地的滑雪旅游胜地才开始如雨后春笋般涌现。这使得高山滑雪得以在阿尔卑斯、北美及东南亚等地普及开来。一些重大赛事为了扩大影响不再将赛事设立在同一地区举行。虽然滑雪旅游胜地的大量开发促进了滑雪旅游的发展，但对于滑雪运动来说，发展的仅限于高山滑雪项目，像北欧传统的滑雪项目仍然有局限性。

新兴滑雪项目的出现也促进了滑雪运动的普及。单板滑雪产生于20世纪60年代的美国，迅速地传遍了欧洲，并在80年代传播到了日本及东北亚地区。1994年国际滑雪联合会将单板滑雪认定为滑雪项目。自由式滑雪虽起源于20世纪初，但在70年代才被认定为滑雪项目。1986年的滑雪世界杯上，自由式滑雪被列为正式比赛项目。这些新兴项目的涌现也吸引了越来越多的滑雪爱好者。

人们普遍认为，19世纪斯堪的纳维亚半岛的大量劳工移民是滑雪运动得以在美国、澳大利亚和新西兰传播的原因。然而，这并不能解释滑雪运动是如何到达摩洛哥、印度、日本和智利的，这一点我们不必太钻牛角尖。

滑雪曾在美国有更实际的用途。在19世纪50年代的加利福尼亚州，有一个快递员在内华达山脉上靠滑雪来送信；科罗拉多州有得天独厚的海拔高度——其中的58座山脉都"翱翔"在海拔4千米之上。这里曾遍布矿区，当时

起源

人们会选择滑雪下山。在科罗拉多州的特莱瑞德小镇（Telluride）海拔900米山间的"汤姆小子"银矿，每当发薪日到来，芬兰人和瑞典人就会换上临时的滑雪板，下山到小镇上消遣，这使得矿上的其他矿工们气愤不已。

中国的近代与现代滑雪运动受自然条件与社会原因的影响因而发展缓慢。中国近代滑雪于20世纪二三十年代才从俄罗斯及日本传入。1957年我国组织了全国第一次滑雪比赛，从此拉开了新中国近代滑雪运动的序幕，但滑雪运动的发展仅限于黑龙江和吉林两省。由于受自然条件和经济因素的制约，当时的滑雪运动发展速度缓慢，而且多局限于竞技滑雪领域。1980年，中国派队参加了第13届冬奥会，这成为中国现代滑雪发展的开端。从20世纪末期开始，群众性的旅游休闲滑雪也逐步发展起来。

进入21世纪，特别是申办冬奥会成功之后中国的滑雪产业开始成为朝阳产业，滑雪场的数量与滑雪人次迅猛增加。据2018年统计，我国滑雪场总数达742家，2018年全国滑雪总人次达1970万次。随着政策的不断推出，我国冰雪产业将进入高速发展期。奥运周期将成为冰雪产业发展的强力助推器，到2025年直接参加冰雪运动的人次将达5000万，并带动3亿人参与冰雪运动。

滑雪的国际组织

国际滑雪联合会（FIS）

国际滑雪联合会（简称"国际雪联"，图2.5）是世界滑雪运动的管理机构，总部现设在瑞士伯尔尼，它是1924年在国际滑雪委员会的基础上改组成立的。国际雪联的任务是促进滑雪运动的发展并把握其发展方向，在协会会员间及各国运动员之间建立和保持友

图2.5　国际滑雪联合会会徽

好关系，在其能力所及的范围内支持协会会员实现其目标，组织世界滑雪锦标赛、世界杯和大洲杯赛以及联合会批准的其他比赛，制定并监督规则的执行，作为终审机关处理与联合会比赛及规则有关的抗议与法律问题，促进以增进健康为目的的娱乐滑雪，采取国际滑雪联合会会标标志等措施，避免事故发生，保护环境。

瑞士雪上运动联合会

瑞士是滑雪水平很高的国家，瑞士雪上运动联合会积累了丰富的经验。瑞士雪上运动联合会是瑞士培训雪上运动教学人员的权威机构（图2.6）。瑞士全国有超过12500名双板、单板、越野滑雪、泰勒马克滑雪指导员在这里及其下属机构接受培训及再培训。其中"瑞士滑雪联盟"隶属于瑞士雪上运动联合会，是滑雪教学及技术分级的管理组织，其成立了"瑞士滑雪学院"，它代表着瑞士滑雪体系的最高级别。瑞士滑雪学院及其指导员每年可以提供超过600万课时的雪上运动教学。在指导员们的雪服上你会看到他们的徽章（图2.7）。

图2.6　瑞士雪上运动联合会标志

图2.7　瑞士滑雪学院徽章

国际滑雪文化教育组织（Interski）

国际滑雪文化教育组织的标志如图2.8所示，旗下有三个主要组织，分别是：国际滑雪指导员协会（ISIA）——专业滑雪指导员组织；国际非职业滑雪指导员协会（IVSI）——业余滑雪指导员组织；国际高校滑雪协会

图2.8　国际滑雪文化教育组织（Interski）

(IVSS)——组织学校和大学教员，将滑雪作为课程的一部分进行教学。其会徽分别如图2.9～图2.11所示。

图2.9 ISIA会徽

图2.10 IVSI会徽

图2.11 IVSS会徽

中国滑雪协会（CSA）

中国滑雪协会（简称"中国雪协"，图2.12）是中国滑雪运动的全国性群众组织，也是中华全国体育总会领导下的单项运动协会之一。中国滑雪协会原属于20世纪50年代成立的全国冬季运动协会，1981年单独建立组织，会址设在北京。

中国滑雪协会是国际滑雪联合会的会员，其宗旨是团结中国滑雪运动的教师、教练员、裁判员和运动员，推动全国滑雪运动的广泛开展，提高滑雪技术水平，促进中国与各国人民和运动员之间的友好交往，组织滑雪的竞赛和学术经验交流活动。

图2.12 中国滑雪协会会徽

3 滑雪项目

滑雪项目

滑雪运动从历史沿革的角度分为：原始滑雪、古代滑雪、近代滑雪和现代滑雪；从滑雪功能角度分为：实用滑雪、竞技滑雪、大众休闲旅游滑雪和特殊滑雪；从项目的角度分：高山滑雪、登山滑雪、单板滑雪、越野滑雪、跳台滑雪、自由式滑雪和冬季两项等（表3.1）。

▶ 竞技滑雪项目

竞技滑雪主要包括：越野滑雪、高山滑雪、单板滑雪、跳台滑雪、自由式滑雪、登山滑雪和北欧两项。冬季两项虽然有自己独立的单项体育协会，但因为其竞技形式以越野滑雪和射击为主，所以冬季两项也属于竞技滑雪项目的一种。

竞技滑雪运动在不断发展和变化，列入冬奥会的竞赛项目也在不断更新。下面介绍几项常见的竞技滑雪项目。

越野滑雪（Cross-country Skiing）

越野滑雪是借助滑雪用具，运用登山、滑降、转弯、滑行等基本技术，滑行于山丘、雪原的运动项目（图3.1）。越野滑雪是历史最悠久的滑雪形式，也是世界运动史上最古老的运动项目之一。因北欧人发明，越野滑雪也被称为"北欧滑雪（Nordic Skiing）"。滑雪者在越野滑雪时会使用一双更加细长、更薄且略微弯曲的滑雪板。穿上越野滑雪板滑雪时感觉像是每只脚上绑了根宽面条在雪上快速行走。越野滑雪与高山滑雪几

图3.1 越野滑雪运动员

15

新手小白学滑雪

滑雪运动分类表：

- 滑雪运动
  - 原始滑雪
  - 古代滑雪
  - 近代滑雪
  - 现代滑雪
  - 实用滑雪
    - 狩猎
    - 军事
    - 交通
    - 其他用途
  - 竞技滑雪
    - 残疾人竞赛
    - 专业性竞赛
      - 高山滑雪
        - 滑降
        - 回转
        - 大回转
        - 超级大回转
        - 全能
      - 登山滑雪
        - 个人
        - 团体
      - 北欧两项
        - 越野滑雪
          - 传统式
          - 自由式
        - 跳台滑雪
          - 个人
          - 团体
      - 自由式滑雪
        - 空中技巧
        - 雪上技巧
        - 雪上芭蕾
      - 单板滑雪
        - 大回转
          - 单人
          - 多人平行
        - U型场地
        - 坡面障碍技巧
        - 大跳台
        - 障碍追逐
      - 冬季两项
        - 越野滑雪
        - 滑雪射击
    - 大众性竞赛
    - 青少年竞赛
    - 特定竞赛
  - 大众休闲旅游滑雪
    - 单板滑雪
    - 高山滑雪
    - 越野滑雪
    - 其他滑雪活动
  - 特殊滑雪
    - 滑雪探险
    - 板限滑雪
    - 滑雪表演
    - 其他

表3.1　滑雪运动的分类

滑雪项目

乎没有什么共同点。在越野滑雪中，过多的专业知识可能反而会是一种阻碍。因此，一些吹牛者们在越野滑雪方面高谈阔论也许更能以假乱真。

其他需要注意的事项包括：你必须穿一件紧身的、非常闪亮的莱卡紧身雪服来展现身段。越野滑雪十分消耗体力，如果你偶然报名参加了一项越野滑雪比赛，可能会在滑过终点线时精疲力竭，然后摔倒。

单板滑雪（Snowboarding）

单板滑雪（又称滑板滑雪）源于20世纪60年代中期的美国，其产生与冲浪运动有关。1965年，舍曼·波潘（Sherman Poppen，图3.2）把两块滑雪板绑在一起，偶然中就创造了两脚踩踏在一整块雪板上滑雪的新型滑雪板，并发明了一种名为"雪上冲浪"的娱乐活动——人们通过一根绳子控制着雪板从山上滑下，这就是单板滑雪的前身。

到了20世纪70年代，两个对于单板滑雪至关重要的人物出现了：汤姆·希姆斯（Tom Sims）和杰克·伯顿（Jake Burton，图3.3）❶，通过对材质和固定器的改进，使单板从半玩具式娱乐用品逐渐进化成为真正的运动装备，大大提升了人们在"雪上冲浪"时的控制力和速度。这样的贡献让他们被视作现代单板滑雪的奠基人。

单板滑雪如今已是滑雪运动中的大项目，不但成为冬奥会的竞赛项目，而且广受大众滑雪者，尤其是年轻滑雪者的喜爱。

---

❶ 杰克·伯顿正是当今著名单板品牌"BURTON"的创始人。

17

图3.2 舍曼·波潘与早期的单板

图3.3 杰克·伯顿（左）和汤姆·希姆斯（右）

滑雪项目

自由式滑雪（Freestyle Skiing）

自由式滑雪起源于20世纪60年代的美国，是在高山滑雪基础上发展而成的项目。史上第一次自由式滑雪比赛于1966年在美国新罕布什尔州（New Hampshire）举行。在随后的10年中，许多勇敢的滑雪爱好者创造出了大量的惊险动作，自由式滑雪这项运动也逐步成型。国际雪联在1979年正式承认自由式滑雪项目，并在运动员及其跳跃技巧方面制定了新的规则，以减小此项运动的危险性。首届世界杯自由式滑雪系列赛在1980年举行，法国在1986年举办了首届世界自由式滑雪冠军赛。1992年自由式滑雪正式被列为冬奥会比赛项目。图3.4为我国运动员徐梦桃的腾空动作。

自由式滑雪以往分为三个小项，包括雪上技巧、空中技巧和雪上芭蕾。雪上技巧是运动员从设置了许多均匀小山包的山坡上滑下，中间必须做两次跳跃或肢体体操动作（图3.5）。裁判按照规定距离内运动员所用的时间长短和运动员转体的准确程度、积极程度、速度及空中动作综合评分。空中技巧运动员可选择各种难度的跳跃和旋转，在预赛中进行两跳。裁判根据其起跳的质量、高度、空中姿态及落地的情况综合评分。雪上芭蕾则是在特殊修整的、具有一定坡度的场地上，伴随音乐完成一套滑行、步伐、跳跃、旋转、空中翻转等技术动作组成的自编节目的比赛。

很少有滑雪者特意去玩自由式滑雪，因为它包括翻跟头、空中翻转、劈叉、头朝地下落等，而这些动作滑雪"小白"们暂时可以不用考虑。

图3.4　我国自由式滑雪空中技巧运动员徐梦桃的腾空动作

19

新手小白学滑雪

图3.5 自由式滑雪雪上技巧项目

自由式滑雪有一种特殊的"双尖头"滑雪板，这种雪板两端都有向上翘的圆形尖头，这样在滑行时就可以倒滑，并且可以展示更多动作。由于自由式滑雪动作比较急剧，且冲击力较大，因此要求滑雪板必须坚固、耐用。滑雪板除了要安装脱落器之外，雪上技巧和空中技巧项目还必须安装止滑器或停速器。

北欧两项（Nordic Combined）

顾名思义，北欧两项起源于北欧，由**越野滑雪**和**跳台滑雪**组成，故又称"北欧全能"。19世纪中期，北欧两项运动首先出现在挪威，到20世纪初逐步发展为挪威的全国性比赛项目。1924年第1届冬奥会中北欧两项即被列为比赛项目。在1988年第15届冬奥会中增设团体项目。时至今日挪威仍是这一项

滑雪项目

目的强国，在国际大赛中的奖牌总数和金牌总数都位列首位。自20世纪末期开始，芬兰、奥地利、德国、日本也发展成为北欧两项的强国。我国北欧两项运动开展较晚，黑龙江和吉林两省于2016年同时组建北欧两项队，正式开启了我国该项目的序幕。

由于北欧两项运动需要运动员完成跳台滑雪（图3.6）及越野滑雪两个项目的比赛，所以运动员必须熟练掌握这两项运动的技术特点，既要有跳台滑雪要求的"准确的技术动作"及"果敢"，又要有越野滑雪要求的"体能"。对于广大滑雪"小白"们来说，对这项运动了解一下相关知识就好，北欧两项可不是滑雪初学者考虑的项目。

图3.6　运动员在进行跳台滑雪

21

登山滑雪（Uphill Skiing）

登山滑雪运动起初是为英国陆军特种部队队员和法国陆军应征入伍者设计的。登山滑雪要求滑雪者具有接近马拉松运动员的体能和优质的健康水平。因为他们要穿着雪板爬上几个小时的山。登山滑雪的雪板与高山滑雪的雪板有所不同。攀登时雪板上要贴止滑带（图3.7）。止滑带一面用胶贴在雪板底面，另一面摸起来是粗糙、拉手的，以前这面的材料是由海豹皮制成的（这或许是止滑带英文是"skin"的由来）。目前在我国阿勒泰地区，这种板底是用马腿毛皮制作的。而大多数的止滑带是用合成材料制成的。滑雪者穿上贴了止滑带的滑雪板时，面朝山上往下踩时雪板不会倒滑，往上提板不费力，这样走在雪上就像走在路面上一样轻松。从攀登上山改为滑下山时要把止滑带揭下来。

人在攀登或走路时脚后跟会自然抬起，为此人们发明了特别的登山滑雪固定器来连接雪

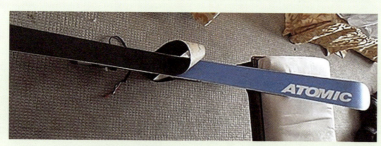

图3.7 贴在滑雪板底的止滑带

图3.8 登山滑雪

滑雪项目

鞋和雪板，使人迈出每一步时雪鞋前部和雪板通过一个转轴相连，把板带动向前，而雪鞋后部可以与雪板分离（图3.8）。滑雪旅游者喜欢待在山间小屋里，互相吹牛，说他们体力消耗这么多，但是一点都不觉得累。

冬季两项（Biathlon）

现代冬季两项是**越野滑雪**和**射击**相结合的雪上运动项目，是由冬季滑雪狩猎和军队训练演变而来的（图3.9）。

现代冬季两项运动历史悠久。在荷兰、挪威及瑞典等北欧国家的一些约4000多年前的石制雕刻品中就刻有足蹬雪板、手持棍棒的人在雪地里追捕动物的情景。1767年守卫在挪威与瑞典边界的挪威边防巡逻队举办了第一次滑雪和射击比赛，这是滑雪与射击结合运动的开始。1861年挪威成立世界上最早的滑雪射击俱乐部。1912年挪威军队在奥斯陆举行了一次名为"为了战

图3.9 现代冬季两项中的雪上射击项目

图3.10 新疆阿勒泰地区的"古老冬季两项"比赛

新手小白学滑雪

争"的滑雪射击比赛，随后滑雪射击逐渐在欧美国家成为一种体育运动项目。在1960年的第八届冬奥会中，现代冬季两项被正式确立为竞赛项目。

我国的现代冬季两项运动是1960年首先在解放军滑雪队中开始发展的。在1980年的全国滑雪比赛中，现代冬季两项正式列为比赛项目。同年，中国现代冬季两项运动员参加了第13届冬奥会。

目前在我国新疆阿勒泰，每年都举行"古老冬季两项"滑雪比赛（图3.10）。该比赛所用的器具是由兽皮制作的毛皮滑雪板和雪橇，再搭配一根手杖，这些曾是阿勒泰地区牧民冬季主要的交通工具。

▶ 大众休闲旅游滑雪项目

大众休闲旅游滑雪是人们为寻求精神上的愉快感受而进行的非专业、非竞技的滑雪运动。它具有非竞技性、娱乐性和相对安全的特点。大众休闲旅游滑雪项目包括高山滑雪、单板滑雪、越野滑雪和其他滑雪活动。下面主要介绍魔诺滑雪、雪地风筝及泰勒马克滑雪三种类型。

图3.11 魔诺滑雪

魔诺滑雪（Mono-skiing）

魔诺滑雪大概有60年的历史了（图3.11）。20世纪50年代末，美国滑雪爱好者丹尼斯·菲利普斯脑洞大开，把一块滑水板和固定器组合在一起，发明了第一块魔诺雪板。20世纪70年代早期，冲浪爱好者迈克·道尔推广了魔诺滑雪，让更多的人认识了这种独特的滑雪方式。魔诺滑雪板外形与单板

滑雪项目

类似，滑行姿态和滑行技术与双板更为相像。滑行时双脚并排朝前站立，站在一块雪板上，双脚不能分开。魔诺滑雪板是没有内外刃之分的，魔诺滑雪者在雪道上只依靠雪板两侧的外刃滑行，故与双板滑雪相比，滑雪者更加依赖雪杖，使用雪杖是他们保持平衡的唯一方法。遗憾的是，魔诺滑雪自20世纪80年代末慢慢地被单板滑雪取代了。

雪地风筝（Kite Skiing）

欧洲现在正流行一种被称为"雪地风筝"的极限运动（图3.12）。雪地风筝是利用风力而不是雪杖和重力推进的，它可以让滑雪者体验到飞翔的乐趣。雪地风筝既可以选择雪橇，也可以选择单板，大多数的极限运动爱好者偏爱单板，因为滑单板活动自如。现代的雪地风筝比以前的距离更远，速度更快，能够进一步锻炼冒险者的勇气。雪地风筝非常刺激，特别是当人们赶上一阵疾风时，他们可能会"滑"到意想不到的高度。这项运动从1999年开始在法国出现，之后迅速风靡于欧美地区。我国的新疆及黑龙江地区也曾举办过雪地风筝邀请赛，但雪地风筝今后能否得到更高程度的普及还有待观望。

图3.12 雪地风筝

泰勒马克滑雪（Telemark Skiing）

图3.13　泰勒马克滑雪

在泰勒马克滑雪的滑行过程中，滑雪鞋的跟部不能固定在滑雪板上，因此脚跟可以抬起来，更加自由。这就需要一个完全不同的转弯技巧，包括单膝跪下，就像中世纪的骑士和求婚时的动作。"泰勒马克滑雪"名字来自它的起源地——挪威泰勒马克省（图3.13）。

▶ 高山滑雪竞技项目

我们谈了众多滑雪运动项目，其中高山滑雪是各类滑雪的主项，广受欢迎。

绝大多数的滑雪爱好者在滑雪时都有求胜心，而且有一些人的竞技感比我们更加强烈。了解一些竞技滑雪的知识，特别是几种常见的滑雪比赛是个好主意，这样你就可以大胆地发表一些有关竞技滑雪的言论，凸显你在滑雪方面是如此见多识广。高山滑雪竞技项目分为速度系列和技术系列两类。速度系列分**滑降**（男、女）和**超级大回转**（男、女）；技术系列则分为**大回转**（男、女）和**回转**（男、女）；加上滑降与回转合二为一的**高山滑雪全能**（男、女）以及团队比赛。滑降、回转、大回转、超级大回转虽然都属于高山滑雪范畴，但可以算是不同类型的运动，因为不论是这些项目的赛道要求（垂直高度差、弯道数量及长度），还是参赛运动员的技术特长，或是他们的装备都有很大差别。

滑雪项目

滑降（Downhill）

滑降也称速降滑雪，可谓速度最快、观赏性最强、技术要求最高的高山滑雪项目，特别是对于那些看到撞车甚至会莫名兴奋的人来说更是刺激、痛快。对于男子运动员来说，滑降赛道的垂直高度差在800～1000米；女子运动员赛道的高度差在500～800米。如高度差达不到要求，可进行两轮滑行（高度差不低于450米），总成绩为两轮成绩相加。运动员要由起点出发以最快速度滑至终点，时间准确度可至百分之一秒，若运动员出现成绩相同的情况，名次并排（图3.14）。

图3.14 高山速降滑雪

回转（Slalom）

回转（也称回转滑雪或回转障碍）要求运动员从高山上滑下时不断穿过旗门障碍物，连续转弯高速下滑（图3.15）。男子运动员赛道长度为600～700米，垂直高度差为140～220米，设置55～75个旗门；女子运动员赛道长度为400～500米，垂直高度差为120～180米，设置45～60个旗门。运动员在滑行时需要两脚过门，碰倒

图3.15 高山滑雪回转比赛

旗杆不算犯规，丢门或骑杆过门则属犯规。运动员若犯规必须返回重新穿越这个旗门，否则就失掉比赛资格。哪怕在冬奥会这种级别的赛事，也有近30%的运动员无法完赛。回转项目比赛两次，以两次成绩总和排列名次，若第一次犯规则不能滑第二次。

"回转"一词来源于一种古老的挪威方言，结合了"sla"（意为山坡）和"lam"（意为轨道）。所以，严格地说，回转应该是"slalam"。

大回转（Giant Slalom）

大回转比赛类似于回转比赛，但要以更高的速度在更长的路线上滑行，旗门的间距也较回转长10米以上。男子运动员赛道高度差为250～450米；女子运动员赛道高度差为250～400米。大回转项目每次比赛在两条线路上滑行两次，两次成绩之和计为总成绩。大回转项目将速度与技巧完美地结合在一起，运动员在滑行过程中左右盘旋，将健美与优雅融于一体，粗犷中不失儒雅，所以大回转一直深受滑雪爱好者欢迎（图3.16）。

图3.16　高山滑雪大回转

超级大回转（Super-G）

超级大回转比赛于1983年被引入国际雪联世界杯，1987年被引入国际雪联世界锦标赛，1988年卡尔加里冬奥会时才首度出现在奥运赛场上。超级大回转比赛滑行距离比速降赛更短，但是转弯更多，旗门间距也更宽阔。男子运动员超级大回转赛道垂直高度差为500~650米，设置大约35个旗门；女子运动员赛道垂直高度差为400~600米，设置大约30个旗门。超级大回转比赛以一次比赛决定成绩（图3.17）。

图3.17　挪威超级大回转名将杨斯鲁德

高山滑雪全能（Combined）

高山滑雪全能项目包括一次滑降赛和两次回转赛，总成绩最快的运动员获胜。还有一项被称作"超级两项全能"的比赛，包括一次滑降比赛和一次超级大回转比赛。"超级两项全能"是在2007年瑞典世锦赛和2010年温哥华冬奥会上推出的。

你就跟你朋友说最喜欢这项比赛，因为这项比赛非常适合强壮、速度快的滑雪者——就像你自己一样。

新手小白学滑雪

▶ **赛事**

只有三项滑雪赛事含金量较高：冬季奥林匹克运动会（每4年一次）、国际雪联世界锦标赛（每两年一次）和国际雪联世界杯赛（每年多项比赛）。冬奥会的速降赛着实可谓"蓝带"项目。选手的一点点分神，都可能会与冠军或奖牌失之交臂。最后的成绩相差百分之一秒就可能意味着万人瞩目与默默无闻的差别了。看看挪威运动员斯文达尔（Aksel Lund Svindal）吧，他在2018年平昌冬奥会速降比赛中仅以领先0.12秒的成绩赢得了金牌。有多少人记得银牌得主是谁？

事实上，高山滑雪的偶然性非常强，即便同一条赛道，今天和明天滑行也是不一样的体验，所以想在这项赛事上卫冕是非常困难的。正因为如此，高山滑雪展现出了竞技体育中最具魅力的部分。

高山滑雪有两大知名世界级赛事：

哈恩卡姆（Hahnenkamm）高山滑雪大赛

哈恩卡姆大赛是最受全球瞩目的高山滑雪赛事之一，每年1月下旬在奥地利基茨比厄尔举办，首届比赛举办于1931年，这是历史最久的固定地点赛事。比赛共分3项，分别是滑降、超级大回转和大回转。哈恩卡姆山最著名的Streiff雪道被选为该赛事的场地。选手们要快速从海拔1957米的山顶下滑到620米的平地，落差达到1337米。

劳伯霍恩（Lauberhorn）国际高山滑雪赛

在瑞士温根（Wengen），劳伯霍恩雪峰上的赛道是瑞士最难的滑雪赛道之一（图3.18）。4天的比赛时间，将集中众多的比赛项目，并吸引超过40000名观众。同时还有数百万的冬季运动爱好者将在电视前观看这场比赛。运动员们将在高山滑雪全能、滑雪速降及障碍滑雪三大赛事中争取最好的成绩并获得奖金。

滑雪项目

还有些主要的世界杯赛事分别在法国的瓦勒迪泽尔（Val d'isere）、德国的加米什（Garmisch）、意大利的瓦尔加迪纳（Val Gardena）、美国的阿斯本（Aspen）和奥地利的基茨比尔哈恩卡姆（图3.19）举行。

图3.18　瑞士温根劳伯霍恩国际高山滑雪赛

图3.19　奥地利基茨比尔哈恩卡姆高山滑雪大赛

地形

▶坡度及其等级

在欧洲，滑雪道表述为"piste"或"run"，美国人则用"trail"或"slope"一词表示。滑雪道坡度不一，其难度从"容易"到"极其危险"，并按颜色进行划分："绿色"被公认为是难度最低的初级雪道；"蓝色"代表稍难一些的中级雪道；有些雪场的雪道还用红色标记，这些"红色"雪道仍为中级道；"黑色"则代表高级雪道。如果你是一名初学者，请不要轻易到这些"黑道"上去。有些黑色的高级雪道通常还有附加标志（图4.1和图4.2），上面写着"仅供专家级滑雪者选择"（Experts Only）。高级道对于那些天真的自认为是高手的滑雪者来说有着难以抗拒的吸引力（表4.1）。

图4.1 "仅供专家级滑雪者选择"的高难度滑雪道（双黑钻道）标识

图4.2 张家口市崇礼区密苑云顶滑雪场高级道

雪道评级	标志	难度
绿色初级雪道	🟢	简单
蓝色中级雪道	🟦	中级
红色中级雪道	🔴	中级
黑钻雪道	◆	困难
双黑钻雪道	◆◆	仅供专家级滑雪者使用
地形公园	🟧	各类级别

表4.1 欧洲的雪道难度等级及标志

地形

美国和加拿大的雪场通常没有红色标志的中级道，大概是因为红色是血液的颜色，易让人与"危险"产生联想。"红色"雪道比"蓝色"雪道更陡或更窄，它们通常都是经过压雪的，除非雪道狭窄到压雪机不足以开到那里。在北美，"黑色雪道"包括高级的"黑钻雪道"和专家级的"双黑钻"雪道。双黑钻雪道是顶级难度的雪道，可能会有不可预见的陡坡或窄道、风口，甚至断崖。

近年来，一些雪场引入了一种新的颜色等级划分——将"黑色"雪道重新划分为"黄色"雪道，意在提醒滑雪者哪些是未经压雪或没有工作人员巡逻的，这实际上是一片野雪区。典型的例子是瑞士采尔马特（Zermatt）地区和韦尔比耶（Verbier）地区的雪场。在奥地利，雪道通常以橙色方框来表示。还有些雪道用红钻或带有黑色边缘的红钻标记，这都是十分常见的。这些标志的目的既是为了提醒滑雪者注意安全，也是滑雪场意欲推脱对滑雪者的滑雪安全负责的借口——清楚这一点，非常重要！

▶ "蘑菇"

"蘑菇"指的是雪道上的小雪包。它之所以被称为"蘑菇"，是因为其英文"Mogul"的发音与中文"蘑菇"发音相似。滑"蘑菇"雪又称为猫跳滑雪或雪上技巧滑雪（图4.3）。相传，早先降雪量很大，地面的雪非常厚，许多滑雪者都在同一处转弯，这样积雪就被他们沿着路

图4.3 猫跳滑雪（雪上技巧滑雪）

径推成了坚硬、紧凑的小雪丘。猫跳滑雪最早就是基于这种遍布小雪丘的雪道不断演变而来的。

猫跳技术不是滑雪初学者可以学习和体验的，它是很多技术的综合，需要滑雪者具备纯熟的转弯技巧。有一类初学者，自称一开始就爱滑"蘑菇"。事实上，几乎没有初学者会喜欢这种滑雪方式，除非他们在吹牛。

▶ 雪道导航图

雪道导航图应当向滑雪者展现出清晰、全面、详实的地图（图4.4和图4.5）。在陌生的区域，让别人主动领滑是明智的。许多滑雪场现在提供了关于雪场地形的手机APP或是可供下载的电子地图。但是，乘坐缆车时不建议

图4.4 河北省张家口市崇礼区密苑云顶滑雪场雪道导航图

4

地形

图4.5 河北省张家口市崇礼区密苑云顶乐园雪道导航图

你拿出手机查看，因为即便你不会把手机掉下去，在寒冷的环境下，操作手机仍是很困难的，因为此时你往往是在用一只手操作手机，另一只手在拿着雪杖、手套、护目镜等装备或是正拉着孩子。爱吹牛的"小白"们会说他们更喜欢纸质地图，他们会默默地记住一处地标后坚持说他们不需要地图就能找到回去的路。

滑雪场设有安全标识（图4.6）。

停车场　　办理手续　　双人吊椅　　杆式拖伞　　径直向前　　径直向左

请放下护栏　请抬起护栏　雪板前端抬起　从右侧下吊椅　排成两列　救护站

禁止转弯　禁止摇晃吊椅　禁止滑野雪　禁止放开拖牵　禁止单板滑雪　禁止上下拖牵

危险　　注意雪道狭窄　注意雪道交叉　注意拖索陡坡　向右转弯

图4.6　滑雪场安全标识

地形

▶ 垂直高度差

垂直高度差是指两处地点的海拔之差。对于滑雪场而言,"垂直高度差"这一概念非常重要,它实际上描述着两件事:

如果你滑到一个山崖边缘却没能停住,会发生什么?

滑雪场从山顶到山下平面的垂直距离。

第二种描述极大地挑战了测量这一数据的专家们。世界上具有最大垂直高度差的雪场在法国阿尔卑斯山沿着勃朗峰(Mont Blanc)从南针峰到霞慕尼之间(大约2750米);横贯北美大陆的落基山脉的惠斯勒——黑梳山滑雪场(大约1600米);我国具有最大高度差的雪场是位于新疆富蕴县的可可托海国际滑雪场,这是我国首个垂直落差达到1200米的滑雪场。

至于第一种情况……没人能幸免于垂直高度10米的山崖。

5 装备起来

装备起来

▶ 服装及雪具

你在滑雪时穿什么，特别是当你不打算滑，只是在滑雪场四处逛逛时，如何让人看起来感觉你像个滑雪"大神"，这是自我包装造势的关键部分。

雪服上那些拉链、皮衣、皮带、累赘的口袋以及金属徽章或是把头发扎成辫子……这些细节都会向人们传递出一个明确的信息，其效果就如同夜晚街边的霓虹灯闪烁的文字一样：这个人不会滑雪！智慧的滑雪者不会盲从于时尚，他们知道在着装上应避免浮华，适当旧一点的雪服则是更加合适的。旁观者也会立即得出结论：这个人滑雪有年头了！对于那些喜欢吹牛的"小白"们来说，心中都有一个形象上的典范，就是柯克·道格拉斯在电影《铁勒玛九壮士》（The Heroes of Telemark）中扮演的角色。他穿着一件很酷的蓝色风衣，皮带上挂着手榴弹。

有一个鲜为人知的方法能让你买到外表酷炫且质量优异的二手滑雪服。你穿起来绝对比以前更像是一个滑雪高手了。许多滑雪场的教练或导游每个雪季都会更换滑雪服，所以他们的家里恨不得到处都是各种雪服及雪具。他们自己可能会疑惑为什么有人会对他们的旧雪服感兴趣，因而很容易被说服以便宜的价格放弃那些陈旧的DESCENTE或HALTI❶。他们容易忽略自己雪服上的队徽，这意味着你可以伪装成专家。只要你不再去他们执教的雪场，那么就可以以假乱真了。

图5.1 滑雪装备

---

❶ DESCENTE和HALTI：世界知名品牌滑雪服，国内译作迪桑特和哈尔迪。

新手小白学滑雪

滑雪爱好者们往往都爱聊聊滑雪板、固定器和雪杖等装备（图5.1）。对于"小白"们来说，这是一片广阔的话题天地，这些话题需要你具备一些专业知识。

▶ 雪板

滑雪板以前是木制的，但现在的滑雪板是由很多种复杂的材料制成的。商家对每一代新雪板都称其具备史上最卓越的科技。这或许是真的，因为每个雪季都有超过2000种各类品牌的新雪板面世。他们还会说上一代雪板已经过时了。那么这就成为一个不自己买雪板的理由，去租滑雪场的雪板滑雪吧。这样即便是滑坏了也没关系。

当心那些懂行或看起来懂行的雪板商。雪具店里通常会发生以下的典型对话。

有意购买的消费者：你能推荐一款适合中等水平的全能滑雪板吗？

促销员：您简直来得太是时候了，先生/女士！我们刚刚进了一批今年的最新款滑雪板，这款雪板的质量是世界顶级的。

有意购买的消费者：不错。那它好在哪里呢？

促销员：不同于其他雪板，这款雪板的板芯是泡桐木，由双层航空碳纤维——钛合金包裹构成雪板的三明治结构；Z900石墨板底，V12锥形抗扭盒，弧面边墙及超薄的侧切使得这款雪板质量轻、弹力大、抓雪力强且抗扭强度大，即便是在很大的弯曲程度下雪板也不会断裂。这款雪板会使你感受到世界顶级滑雪者的体验……

有意购买的消费者：不错啊！有黄色的吗？

促销员：当然。您真是太有品位了！黄色的雪板非常酷炫，也是今年的流行色。这款雪板6500元。

装备起来

滑雪板促销员会把他们的雪板夸得天花乱坠。当他们一遍又一遍地夸自己的雪板哪里好时,你不妨记下来。然而,在大多数情况下,购买时凭感觉做决定就好了。

关于雪板,你仅需知道滑雪双板是两只;两只雪板应当是一对儿;你站在坡上时雪板能让你朝前移动并顺利滑下来,这就够了。

还有一些小话题,你可以考虑与其他滑雪爱好者聊聊,以彰显你对雪板了如指掌。其中最重要的就是雪板有"软""硬"之分,或介于两者之间的程度(图5.2)。"硬"雪板最难形变。有人会问:"不同硬度的雪板有什么差别?"这不仅关系到滑雪板如何沿其"拱形"分配负载,还直接影响着雪板的转弯能力。简单地记住:**硬雪板将滑雪者的重量沿其长度均匀分布,从而适合滑雪者在硬面雪上滑雪。**

在比较松软的粉雪中滑行,板尖上翘的雪板是更适合的,因此,将负载集中在雪板中部的软雪板会更适合转弯。有一个实用的助记法:**"硬板"滑硬雪,"软板"滑软雪**。这是掌握其他滑雪技术的基础。

图5.2 "软板"与适合滑硬雪的竞速型雪板板头的差别

43

新手小白学滑雪

有一种传统且有效的方法可以测试雪板的硬度。首先将滑雪板的板尖朝上,板尾插于雪上,一只手扶住板尖位置,另一只手握住固定器处用力朝自己方向拉,这样雪板会展现出它究竟有多灵活。大家都想看到一种可能,当然这种可能不太容易发生。如果雪板折断,那它显然不值得你拥有。

> "板刃不锋利"可以成为你为自己滑雪技术欠佳而找的一个合理借口。

图5.3 滑雪板板刃"三明治"结构

板刃(滑雪板两侧用来抓雪的锋利金属片)也是你应当熟悉的话题。如果板刃不锋利,就不会有很好的抓雪效果;如果板刃不抓雪,你就容易摔倒。板刃越锋利,滑雪者就可以用更少的力量卡住雪面,从而更容易做出回转动作。有一个很实用的技巧来测量板刃的锋利程度,就是用你的指甲在板刃上划几下,如果板刃能在指甲上留下印迹,那么这个程度就刚刚好。如果没有,你就为你在雪道上失去控制找到了一个合理借口。板刃不锋利可以成为很多滑雪技术失当的合理借口(图5.3)。

另一个指责你的滑雪板性能不佳的借口是滑雪板的板底不够光滑或是没有适时上蜡（图5.4）。磨损的板底确实会影响性能，因此不要抱有侥幸心理，应及时将你的雪板调试到最好状态。不必太在意自己雪板打蜡后会产生的变化。有些滑雪者在雪板上蜡之后会感觉雪板变滑了，担心会变得更难控制。事实上，尽管放心吧！你的雪板恰恰会因此变得更好。选择雪蜡时主要考虑天气、气温、湿度、地形、雪质和竞赛项目等因素。

图5.4 滑雪板上蜡

雪板打蜡的方法

1. 用底部清洁剂和纸巾擦拭板底。然后，用工业酒精和毛巾擦拭滑雪板以除去清洁剂。确保你的滑雪板底面干净且干燥，这样雪板吸收蜡就容易很多。
2. 用电熨斗调整到能将蜡化掉而不会起烟的温度。
3. 除非你滑雪的地方异常寒冷，否则平时任何普通的雪蜡都可以用。

注意：最好买一个专门用来上蜡的电熨斗，或者找一个没有洞孔的。因为除非把熨斗上的蜡完全处理干净，否则不可以用同一个电熨斗熨衣服，应慢慢地把蜡在滑雪板上涂均匀。

4. 涂均匀以后，让滑雪板降到室温再继续，这个过程至少要半个小时。

5. 用一个坚硬的塑料尺来把多余的蜡刮干净。避免用铁质的尺来刮蜡，因为这有可能伤害到滑雪板。刮蜡的时候要顺着板头/板尾的方向刮。

6. 最后，用一把硬塑料刷子或者百洁布把板底磨光。然后继续顺着板头/板尾的方向来磨。

雪板长度也是一个关键问题。人们很容易认为长度与滑雪者的能力成正比。有一种常见的错误是直接购买雪具店或租用滑雪场里最长的雪板，这或许是因为雪板越长，速度越快。但是，不管你想用"210"号雪板（板长210厘米——非竞技雪板的最长尺寸）的欲望有多强烈，如果想平平安安地下来的话，请别冲动！超过2米的雪板只适合滑雪专家或是根本不会在雪道上转弯或刹车的人（这种人通常被称为"鱼雷"或"火箭"）使用。如果要问最适宜的板长是多少？直立雪板，其高度在你的下巴到额头之间才是比较适宜的（图5.5）。

滑雪板也有"三围"，即板头、板腰、板尾的宽度（图5、6）。在滑雪板的板尾一般都会标示几个数据（比如130-75-112mm、162cm、14m），就是说板头最宽的地方是130毫米，板腰最窄的地方是75毫米，板尾最宽的

图5.5 滑雪板长度与身高

装备起来

地方是112毫米，雪板的长度是162厘米，转弯半径是14米。三围尺寸变化大的雪板一般转弯半径小，三围尺寸变化小的雪板一般转弯半径大（图5.7）。

滑雪板的板体越宽，接触雪地的面积越大，反之则面积小。如果你不常滑压雪机压实过的硬雪道，就需要板体面积大的，以防止滑雪板陷到松软的雪中。反之选择正常三围的滑雪板就能够满足需求了。三围的变化和雪板的弹性决定了雪板的转弯半径。

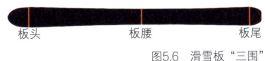

图5.6 滑雪板"三围"

有些人认为选择短一点的滑雪板更适合他们那"半吊子"的技术，似乎会在"回转"时占到便宜。几乎所有新上市的滑雪板都在朝着更好地进行"刻滑"这一方向改良。适合回转的雪板板头和板尾都比传统的雪板宽得多，板长

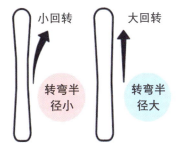

图5.7 雪板"三围"与转弯半径关系

比传统的雪板短近50厘米，因而更容易操控。有些纯粹主义者坚持使用传统的老式雪板。无论这种雪板对你而言诱惑有多大，不要沉沦于该板型，因为一旦你尝试了回转型的滑雪板后，那种老式雪板就几乎难以驾驭，可以滑，但是难以转弯。

▶ 固定器

固定器（又称脱落器）是将滑雪鞋固定在滑雪板上的装置（图5.8）。就固定器如何影响滑雪表现而言，只要它们处于正常的情况下，固定器之间的区别不大。它们最重要的功能是在你马上就要摔下山去的时候释放滑雪板，

将你与雪板分离。如果他们不松开滑雪板的话，那么你的腿恐怕3个月都无法承受任何重量。

图5.8　滑雪双板的固定器

像滑雪板一样，固定器也有很多讲究。因此，如果你计划买套固定器，你将会听到许多相关名词，如"均衡器""倾斜支点""横向弹力""防摩擦装置""触发器"等。请随意使用这些术语，因为绝大多数滑雪者都不知道它们的意思和用途。有几个元件是你应当认识的，即前固定器、后固定器和止滑器。你需要记住的就是它们都属于"固定器"，这就够了（图5.9）。

图5.9　固定器装置

装备起来

前固定器一般在横向外力过大（如侧摔）时，自动弹开雪鞋；后固定器一般在纵向外力过大（如前摔）时自动弹开雪鞋。当雪板与滑雪者脱离后，止滑器防止滑雪板滑到山下去。止滑器与降低滑雪者滑降速度没有关系；只有滑雪者立刃到了一定角度时，或者直接撞到了某个物体时，止滑器才会发挥作用。

我建议您对止滑器方面的专业知识大可不必过于痴迷，当然也不要自己随意调整固定器的设定值（即DIN值，表示着固定器适合于什么体重及等级的滑雪者）。这个设定需要由懂行的人帮你完成。

试着在穿滑雪板之前养成一个习惯：用雪杖用力敲打鞋底或用雪鞋在你的固定器上刮一刮以清除附着在雪鞋上的存雪。滑雪老手会这样做，目的是防止固定器在非必要时弹开雪鞋。这个方法很好，因此，建议你也这样做。

▶ 雪杖

雪杖是人们在滑雪时用的细而长的金属杖，用来控制平衡、增加动力以及引导转弯。滑雪者随身携带雪杖，有时候还会在滑行的过程中点杖。千万不要叫它们"手杖"或是"雪棍"，也不要把它们丢在雪地上不管或是放到不常去的地方（图5.10）。

像滑雪板一样，雪杖也是由一些非常先进的合成材料制成。它们由三部分组成：杖、柄和雪轮。最有趣的是雪杖下部的"雪轮"，因为它不仅有一个有用的功能——防止雪杖插在雪里拔不出来，还因为它的名称经常被人忘记。

图5.10 高山滑雪杖

49

杖柄上端有握革带，柄身上有各种纹理、凹口及其他形状。这些形状并不重要，重要的是它们具有脱滑、减震的功能。因此，出于安全，在滑行中要握牢杖柄，并牢记雪杖可以对你的转弯产生积极的影响，它会有助于你转弯。握革带的握法如图5.11所示。

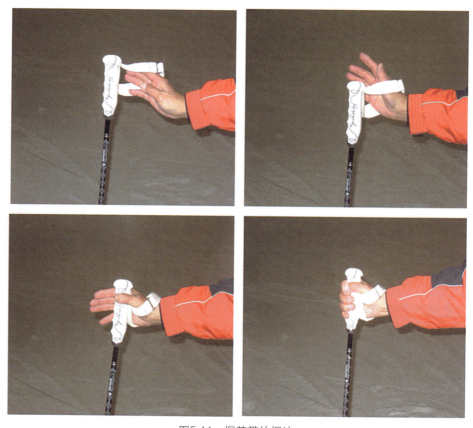

图5.11　握革带的握法

选择雪杖有一个实用的窍门：手握雪轮下端，将雪杖垂直立于地面，如果前臂基本与地面平行，那么这个雪杖长度就是适宜的（图5.12）。随着滑雪者技术的提高，可以逐渐选择稍短的雪杖。

▶ 雪鞋

尽管滑过一天雪后，你的滑雪鞋可能比臭鳜鱼还要难闻，但不能否认滑雪鞋是至关重要的装备。滑雪鞋上的所有扣环、卡子、调节倾斜角度的旋钮都为滑雪者顺利地滑雪起着不可或缺的作用（图5.13和图5.14）。

滑雪鞋过去曾划分为三类：前扣式、后拉式和中置式。如今，雪鞋的种类逐渐向竞技滑雪鞋和大众滑雪鞋两类靠拢。竞技滑雪鞋硬度大，鞋勒高，穿后非常紧；大众滑雪鞋硬度小，鞋勒矮，便于穿脱。

请注意，任何一类雪鞋都有很多小巧玲珑的装置，这些"引人好奇"的小装置对于雪鞋的调试是非常重要的。

如果你的滑雪技术令人难以恭维，一方面你可以埋怨你的雪鞋，指责你的雪鞋无法让你向前屈躯了。另一方面，一双大小不合适的雪鞋会使你的滑雪体验极为痛苦。擦伤的小腿、血液不流通的脚趾、脓包、抽筋、瘀血或是指甲上翻，这些几乎是

图5.12 雪杖的适宜长度

图5.13 高山滑雪鞋

新手小白学滑雪

图5.14 单板滑雪鞋

每个滑雪者都曾经历过的。因此,没有什么比一双舒适的雪鞋更重要的了。

另外,如果滑雪鞋给你带来了痛苦,那么足以说明你缺乏经验。滑雪专家从不会抱怨他们的雪鞋不适。初来雪场的"小白"们最好租用滑雪场的雪鞋滑雪,而且在滑雪时一旦有任何的不适感就把雪鞋退回雪具大厅调换,别嫌麻烦,也不必不好意思(图5.15)!试试雪具店里的每款雪鞋,一旦发现一双使你的双脚极为舒适,脚掌、脚背、脚跟、脚踝都被紧紧包裹,安全感十足、且样式中意的雪鞋,卖掉所有其他的装备来得到它!

图5.15 滑雪场雪具大厅里的雪鞋柜台

装备起来

▶ 背包

对于那些有足够的决心购买自己的雪鞋和雪板的滑雪爱好者，在选择雪板包时要遵循一定的原则。帆布和皮质背包是最好的，不过一般的价钱也是买不到的。如果你运气非凡，碰巧遇到了一些，立即收了吧！它们会让你赢得不少羡慕的目光。

陈旧一点的帆布登山包同样是可取的，特别是如果它们看起来饱经风霜、似曾经受住各种崎岖地形的考验。使用这种背包的人自然让他人感觉是个滑雪老手了（图5.16和图5.17）。有一种很快的方法让你的背包一下子达到这种效果：把你的背包装满石头，再把它绑到车的保险杠上，拖上个一两天即可。

图5.16　雪具背包

▶ 必须要避免的服装

滑雪"大神"们的着装是有讲究的，所以在着装方面你要遵守一些基本规则。千万不要穿着以下几种服装：带"耳朵"的帽子或者上面印有你名字的头带、莱卡赛车裤或牛仔裤。另外，要特别小心，千万不要穿白色的衣服，因为白色的雪服在雪道上极为不醒目（图5.18），不管你是多么想冒充自己是滑雪"大神"或是前职业高山滑雪队队员，你在雪道上的安全远比这富有魅力的职业名声更加重要！

图5.17　雪具包及雪板包

53

图5.18　白色的滑雪服在雪道上是非常不明显的

▶ 实用的"吹牛神器"

一些极端的装备（实际上这些装备并无太多用武之地）无疑会增强你是名滑雪"大神"的可信度。当你讲述着一件又一件奇闻轶事时，偶尔也可以将其他人当成滑雪"小白"般戏弄。尝试聊聊以下几种装备。

你能找到的最亮的雪崩信号器

这是一个在你被埋后可以向救援人员发出一段时间信号的装置。但是在大多数情况下，等救援队员来还不如直接盼着雪融化了。

碰撞触发的气囊

这如同汽车中的安全气囊，是为能让你浮到比F1方程式赛车速度还快的雪崩上面去而设计的。

装备起来

伸缩铲

伸缩铲在雪崩中有点用处。如果你在山上找不到厕所，它就有用武之地了。

雪崩探测仪

一种长而弯曲的东西，用于探测雪下的尸体；当你编造出来的滑雪经历让别人昏昏欲睡时，也可以用这个装备来刺激他们保持清醒。

嗅探犬

即便你真的被埋在雪崩中，有了嗅探犬，也就有了相对最大的生还概率。它们探测雪下生命（尤其是那些兜里还揣着零食的人）的能力帮它们拯救过许多雪崩受困者。

滑雪防护服

滑雪运动员最喜欢的防护服包括制成肌肉形状的凯芙拉纤维护甲服。防护背心、防护背板和防护短裤能够让人觉得你可能有强壮的腹肌、肩部肌肉及臀大肌（不管它们实际上是衣服还是肌肉）。这些防护服并不便宜，但它们具备价格不能衡量的优势，可以展现出你可能真的是一个沉迷于极限滑雪的人；它们还可以防止你从初级道摔倒时摔出严重的瘀伤。

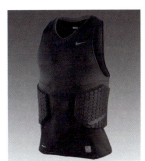

图5.19　紧身护甲背心

滑雪时穿紧身衣的优点

1. 防止拉伤。专业运动紧身衣（图5.19）可以蓄力增加血液循环，同时还具备防止拉伤的保护作用。

2. 透气、速干。有时在滑雪时你可能会大汗淋漓。专业运动紧身衣能够迅速排汗吸汗，让滑雪者在运动时刻保持干爽的身体，让运动更加舒适、健康。

55

3. 有效防止乳酸堆积。有效地促进乳酸的分解，防止乳酸堆积，避免运动中肌肉摩擦。

4. 防寒锁温的保暖作用。滑雪场环境寒冷，紧身衣可以让滑雪者身体处于恒温状态，会起到一定的保暖作用。

▶ 高级的"吹牛神器"

滑雪就像打高尔夫一样，我们都爱幻想自己的技术达到了一定高度，但滑雪有一个特点——能以最残忍的方式暴露自己技术的不足。经常会发现有的滑雪者下坡速度快到他们无法控制，于是径直地撞到了正在排队的人群。在这种情况下，你没有任何适当的理由撞倒其他滑雪者，除了一个：只需从滑雪服中取出一个大型无线电对讲机，对着话筒大喊："拍到了吗？还是我们再来一次？"如果他们认为自己正在镜头前，大多数人会变得更加宽容，如果你碰巧提到你是某某影星的替身演员，他们会变得非常渴望取悦你。如果你想再冒冒险，那就指向山上，说该影星正跟其他摄制组成员一块儿就在后面。然后，趁他们的注意力被转移时，轻松地跑到队列的前面或者干脆直接脱身。

因此，双向无线电对讲机是一个重要设备，它不需要工作，只要能发出一些能以假乱真的"嗞嗞"声。有一个好主意就是把一个非常小的短波收音机插进去，并调到某个不常用的广播电台。收音机通常会因静态干扰而难以听清，这样还会带来一个好处，那就是没有人能听懂对讲机里究竟说的是什么。这种收音机将丰富你的"吹牛神器"，就像伸缩铲、雪崩信号器、探测仪和背包（前文所推荐过）一样，它意味着你可以在你需要的时候对着他喊

装备起来

上几句装装蒜，以显示出你在雪场轻车熟路。实用的常用语包括"走2号缆车旁这条高级道"——这句话可以用任何语言说（当然最好最后再来句"完毕"）。

还有另外一样东西可以极大地增强你在雪场上的气场，那就是一台大型的肩扛式电影摄像机。这项投资会让你变成"雪场名人"，因为它不仅可以让那些想成名的年轻小鲜肉们向你投来仰慕的目光，还可为你滑雪时那骡子般的速度和姿态提供了一个完美借口。就像对讲机一样，摄像机并不一定要正常工作，它只是为了打造出你的形象。这个策略还有一个更深层的优势：许多滑雪场会非常买电影摄制组的账。你要做的就是花钱印一些看起来非常专业的名片，给你的同伴配一个顶端有个毛绒外套（防风绵）的麦克风、一两个弧光灯，还要有个电影拍板。这一切会顿时增加你的可信度，就不必说让雪场请你们六七个人免费滑一天雪了（图5.20）。

图5.20 雪场中的拍摄组

57

上山

想滑雪必须先上山——这是一个基本逻辑。上山包括不同的方式。仔细记下每一种方式,因为这些关于上山载具的知识是成为滑雪"大神"所必需的。记住:**会坐缆车比会从高级道上滑下来更重要。**

▶ 缆车

缆车首发站会有很多人排队(图6.1)。如果周围人过多会令你产生不适感,那么你就要注意了:如果你对体味、香水、肠胃胀气、青春痘及与他人近距离靠近很敏感,那么你应该避免在一天的早晚时刻乘坐缆车。

经验丰富的滑雪者喜欢站在第一个或干脆把他们身后的人让到前面去,自己最后一个上缆车(缆车通常两侧都有门)以此彰显其老道的经验。据说这样他们就有50%的概率先下车。请不要信他们!规规矩矩地排队。缆车每次只能打开一扇门——往往总是离你更远的那扇。

图6.1 排队等待乘坐缆车

缆索铁路及登山铁路

缆索铁路依靠一根向山上拉的缆索和一根向山下拉的缆索运载乘客。它们与缆车的区别在于,它们要么在地面上,要么在地底下,这使缆索铁路最受不喜欢悬挂在空中上山的滑雪者们的青睐。

传统主义者会说,没有什么能比得了瑞士古老的齿条与小齿轮山地铁路(也称齿轨铁路)了。那些火车在坡度近50度的山地齿轨上缓慢行驶。世界上最陡峭的铁路是瑞士卢塞恩(Luzern)附近的皮拉图斯山(Mt. Pilatus)(图6.2)。建议你不要过于草率地谈到还有人在这样的山顶上滑雪。

图6.2 瑞士皮拉图斯山齿轨铁路

上山

▶ 厢式缆车

厢式缆车，顾名思义，它有一个像大箱子一样的轿厢。厢式缆车或许是最舒适、最方便的山地运输工具。同吊椅缆车一样，每位滑雪者有一个座位，但厢式缆车不同于吊椅式缆车，因为滑雪者在上山途中不会暴露在日光之下、寒风之中（图6.3）。

在国内的雪场中，厢式缆车最多能容纳六七个人，他们安静地盯着窗外，旁若无人——除非他们几个都是朋友。在美国，厢式缆车被称作"Bubbles"（气泡），因为它们长得有点像气泡。你应该自信地说，厢式缆车是最佳的上山方式。

图6.3 厢式缆车

61

▶ 吊椅缆车

吊椅缆车是椅子形的上山载具（图6.4）。双板滑雪者不脱板就可以乘坐，单板滑雪者看个人习惯，有些人喜欢抱着板坐。在日本，也有硬性规定单板滑雪者必须单脚穿板乘坐。吊椅缆车的种类从过去的单座缆车到现在高速的"分栏式四座缆车"（一排4~6个座位，尽管它们有时最多可坐8个人）。可以理解，许多滑雪者会担心缆车上的护栏，这个护栏关乎滑雪者与吊椅的分离，使滑雪者可以轻松上下缆车。吊椅缆车固然方便，但它们都被设计成吊椅会直接撞到你雪鞋上方腿肚子的位置，让你不由得"哎哟"一声，然后倒在椅子上。如果你不想让朋友们看到你下缆车时总被缆车带着向前走，而滑不到缆车旁那副蹩脚的样子，请悄悄地计算好位置，然后坐在缆车的最外侧。

图6.4　6人座吊椅缆车

上山

▶ 双人拖牵

毫无疑问,拖牵应该是有史以来最不友好、最令人难以恭维的雪场运载工具了。它首次同时出现于奥地利阿尔贝格的莱克-川斯(Lech-Zürs)和瑞士的达沃斯(Davos)。奥地利人和瑞士人这一愚蠢的发明将永远不会被遗忘。拖牵的形状像一个颠倒的大写字母"T"。双人拖牵上那根横杆钩住滑雪者的腰部或身体其他某个部位拖着他们上山。滑雪者们体重身材都不相同,这使得拖牵难以平衡,进而会使4只滑雪板转向不同的方向,有时你可能会因此被双人拖牵甩出去。当然,拖牵有可能在任何地形上把你们甩出去。千万注意,别让这一切在身处最困难的地形时发生。拖牵对单板滑雪者来说是更大的挑战了,往往不是没被拖上去,就是滑雪者放早了直接摔到雪里(图6.5)。

图6.5 双人拖牵

单人拖牵

单人拖牵比双人拖牵好些,因为一只拖牵只搭载一个人,而且那汤盘大小的圆盘更容易被固定。"小白"们会很快明白这个圆盘不是坐上去的,而应放在两腿之间。这些圆盘对不同性别的滑雪者提出了不同问题。女性滑雪者应该提防那些两眼放光的拖牵工作人员——她们有时会在拖牵和臀部间发现一只手;男性同样应当保持警惕,并在排队时做好准备迎接拖牵的到来,让铁杆巧妙且准确地向上拉到双腿之间,同时避开他们的生殖器,否则男同志们就咬紧牙关吧,把那痛楚的泪水憋在眼睛里(图6.6)。

图6.6 单人拖牵

上山

▶ 缆车卡/工作人员

滑雪者普遍刷缆车通行卡乘坐缆车。在许多雪场，通行卡是通过计算机编码的。滑雪者必须要投入卡或把卡贴在闸机处进入缆车站。这些闸机经常不好好工作，使得脾气暴躁的工作人员从他的小屋里出来对你大喊大叫，这通常也会引起后面几十人对你大喊大叫。在这种情况下，尽量保持冷静。

脖子上不要戴松紧带。缆车工作人员们自娱自乐的方法之一是将松紧带拉到最长，然后让通行卡弹回到你的眼睛上（特别是在美国，工作人员会经常拿着一个手持扫描器让你刷卡）。

与此同时，也要了解不同国家的缆车系统及其工作人员的基本特点。

瑞士 瑞士的缆车就像他们国家的火车——同样具备快速、安全、高效、广泛分布、深挖厚掘的特点。但瑞士工作人员的特点并不总是像他们的发明一样完美——他们虽然聪明，但寡言、面冷似铁。

法国 缆车系统非常发达，极度便利，往往就设在离门口几步的距离。法国工作人员非常聪明，但是会有严重的态度问题。

奥地利 奥地利的缆车需要从小镇走很远，这使得他们的小镇保持着优雅的环境和秩序，因此步行至缆车站是困难的。奥地利人工作时井井有条，他们诚信、可靠。他们的设施往往是从瑞士引进的二手货。

意大利 缆车要不就非常高端，要不就非常原始。意大利的缆车不是很可靠，他们许多设施普遍认为是从奥地利人手中买来的。意大利人总是"嗨"到难以自拔，可靠性尚待考量。

东欧 缆车陈旧、缓慢、时常运转不佳。据说缆车普遍是从意大利人手中买来的。波兰的缆车票需要提前几周预约。俄罗斯、乌克兰及一些东欧国家的工作人员十分迷人、热心，并且热衷于向你出售鱼子酱和货币。

美国 美国的缆车快速且舒适。但是美国的吊椅缆车太多了，然而没有多少吊椅有安全栏。他们的工作人员会像老朋友一样问候你。总是说："How's it going？"（最近怎么样？）接着说："Have a good one!"（祝你今天滑得开心！）

▶ "魔毯"

"魔毯"又称"传动式索道"（图6.7），其运行原理类似于滚动电梯，一般设置于坡度比较平缓的初级雪道。魔毯一般速度很慢，传送路线也比较短。滑雪者乘用"魔毯"时要慢慢顺方向踏上传送带，双雪板应始终对着"魔毯"运行的方向，站稳并目视前方，双手握住雪杖，防止雪杖掉落。下"魔毯"时不要慌忙，顺应着速度滑出。滑雪者也可以脱掉雪板乘用"魔毯"。

图6.7 "魔毯"

▶ 排队礼仪

英国人经常排队，因而创造了排队时的礼仪。有些人并不太具备公平竞争的意识，他们的行为就好像排队这样的规则不存在一样。关于排队，有一点非常重要，请你注意：如果有人粗鲁地强行插队，正确的反应不是破口大

骂、指责并予以回击，而是摇摇头就让他过去吧。这样做能向你的朋友们证明，你以前已经经历过很多次这种情况，清楚在这种情况下吵架往往不是解决事情的办法。

如果你觉得自己胆子特别大，你可以义正辞严地大声说"请按顺序！"以充分暴露插队者无礼的举止。如果一个插队者的行为恶劣到你必须做一点简单的事情，那么你就紧跟着他直到你们两个又深深地陷入排队等缆车的人群之中，偷偷地将你的雪杖放在他滑雪板固定器的释放装置上并向下按压。如果你有时间和机会，在他两只雪板上都这样做。等着瞧吧，当他们走向缆车时，结果总会令你满意的。即便是他已经上了拖牵或缆车，雪板也肯定会掉下来的。在雪道上，再自作聪明的人没了雪板也会捉襟见肘的。

▶ 在缆车下方滑行

关于在缆车下滑行最好的建议是：请不要这样做！缆车上的滑雪者会对正在他们下面滑行的人有格外的关注。当你意识到你自己正在被密切关注时，你会因此渴望给上面的人留下深刻的印象，但这时候你往往更专注于自我表现，进而更容易有摔倒的可能。

永远不要试图想让缆车上的人记住你。即使你滑得不错，你的努力也会被界定为"炫耀"；如果你摔倒了，你会得到很多人的同情。

如果你真的发现自己正滑过缆车下方，迅速滑离或干脆等着比你更糟的人滑过来，尽可能靠近他们滑行，并装作你正在指导这些人滑雪。

滑下山

滑下山

首先你要知道：即使阅读再多滑雪方面的书籍也不能真正让你在滑雪板上表现得更好。有一种方法就是：避开所有你已经吹过自己滑雪有多么牛的人。这一点并不容易，因为这意味着你也许不能和朋友一起滑雪了。

相信所有滑雪者都有过这样的经历：当你们一行人来到滑雪场第一次站在雪道的最高点时，眼前那陡峭的地形令你双腿发软。你们一行人总得有人要在其他人的注视下第一个滑下山。因为你曾夸大过自己的技术和经验，所以小伙伴们都希望你第一个下去。即便你再假装需要调整下雪鞋或整理整理装备也无法阻止这一刻迟早会到来。假装调整装备不仅对其他人来说是种借口，而且也彰显出你缺乏想象力——而想象力是自我包装成滑雪"大神"的关键。有一个值得尝试的办法屡试不爽，它可以让你避免第一个滑下去，而且它还有一个额外的好处，那就是告诉对你满怀期待的同伴们，你的滑雪技术还未达到他们所期待的那么高。这个方法就是"热身运动"，包括编排好的拉伸、屈躯及四肢活动。你最好是穿着雪板做热身运动：抬你一只脚的雪板使板尾触雪，板身垂直雪面于体前，两雪板轮换进行；如果你想继续碰碰运气，可以向后抬起雪板在身后重复一遍，使板尖触雪，板身垂直雪面于体后，并尝试用板尾去够你的后脑勺。注意！这充满了风险，因为你可能会抽筋。无论你采用哪种拉伸方式，在适当的时间后，抓住你身体的某个部位，然后倒在地上，大声喊道："哎哟！"之后，痛苦地揉揉"受伤"的部位，认真地讲出一个精心编排的故事，故事是关于你上个雪季是如何在滑雪比赛中拉伤韧带的："去年我去新疆参加一个高山滑雪大赛，当赛程过半，我意识到我有可能会创造出我滑行的最好成绩，但当我以大约90公里每小时的速度滑过一个山丘时，突然发现一只狗正在横穿赛道。我心想他们难道没有竞赛官员吗？！不管怎样，我当时迅速地刹车了，结果失去了优势，大概花了五六秒钟，我在那家伙旁边停住了。"然后你应该含蓄地补充一句，"毕竟我们不能撞到野生动物。"这时你应该及时地闭嘴，并告诉你的朋友吃饭前你会追上他们。

在任何会暴露你滑雪技术的情形下,有一个权宜之计就是了解一些滑雪的基本要点,即便你不知道如何将这些要点付诸实践。这些理论会确保你可以和他人聊很多滑雪方面的话题,虽然事实上你可能倒在雪道上的时间比站在雪板上滑的时间还多,仍可以随时参考《新手小白学滑雪》中建议的借口(参见第八章"受伤"以及第五章"装备")来解释你摔倒的原因。

▶ 要点

高山滑雪技术的基本要点是:**一旦你克服了对"滚落线"的恐惧,就从根本上破解了高山滑雪的秘密。**在那以后,滑雪只是一个不断精进技术的过程——让你的滑行看起来越来越流畅、漂亮。好看是滑雪技巧的关键点,尽管纯粹主义者们会说"控制"才是滑雪技巧的真谛(图7.1)。

"控制"对于大多数喜欢吹牛的滑雪"小白"们来说是深奥的。虽然如此,你也必须为安全滑雪发声,并默默地在你滑雪时时刻将"安全"牢记在心。**安全是极其重要的!**当你需要在雪道上制动或突然

图7.1　滚落线示意

需要闪避他人或物体时，安全的重要性就更加显而易见，而制动或闪避他人等情况都是在滑雪时经常会遇到的。

理解"滚落线"可想象一个球从山顶顺着山坡向下滚落时产生的一条完整的直线。因此，滚落线是你滑下山的最短路线。换句话说，如果你不打算转弯，这就是你的滑雪板会带你走的路径（前提是滑下山的过程中你还穿着雪板的话）。滑雪指导员或者滑雪指导书籍会告诉你"滚落线"实际上和你"滚落下山"一点关系都没有。

让你不要害怕"滚落线"就好比让你不要害怕从飞机上往地面跳伞一样。飞机舱门与地面之间的最短距离也可以称为滚落线，因为这就是你坠落的方式。所以说，**滚落线其实就是重力作用线**。当你第一次体会山坡的"滚落线"时，你的本能反应是想到自己"没有降落伞"的情景——因此，你希望发泄出你的恐惧，一冲下山。应克制住这种冲动，尤其是当你周围人很多的时候。

有很多种方法来应对"滚落线"。首先你需要了解：初学者及普遍情况下滑降时的基本姿势。

▶ 基本姿势

高山滑雪滑降的基本姿势是在"穿雪板自然站立"姿势的基础上增加几个简单的动作，这种姿势要求身体放松，利用骨骼支撑，视野开阔。这样做便于调整控制，不易疲劳，被视为是滑雪技术的首要内容，几乎应用于滑雪技术的全领域，对高山滑雪的各种技术有着决定性的、长久的影响。

初学者及普遍情况下滑降的基本姿势要点：穿好雪板，身体放松，双雪板平行放平，受力均匀，两板距离约同胯宽；双脚掌或双脚弓处承担体重，并实实地将雪板踩住，两侧重心居中；双膝前顶带动全身前送，膝部有弹

扫码即可观看

性地调整着姿势；臀部上提，收腹，上体微前倾；微提起双雪杖，双手握杖置于固定器前部外侧，与腰部同高，微外展，杖尖不拖地，肩部放松；双眼目视前方10～20米的雪面。滑雪基本姿势"架势"好摆，但滑行中想要一直保持并不容易，因此你应反复练习，形成习惯（图7.2～图7.5）。

图7.2　滑行的基本站姿（正面）　　　　图7.3　滑行的基本站姿（左前侧面）

图7.4　滑行的基本站姿（背侧面）　　　　图7.5　滑行的基本站姿（右前侧面）

高山滑雪滑降是基本顺着滚落线由上向下的滑行，通常是只靠重力加速的滑行。滑降技术是高山滑雪的基本技术，应用于高山滑雪乃至其他滑雪项目的诸多技术领域。按照滑降的路线方向，滑降可分为直滑降和斜滑降。

直滑降技术包括犁式直滑降及双板平行直滑降等。

犁式直滑降

"犁式"可不是指那个农具,而是一种通过将双雪板形成"犁式"板形来控制下降速度的滑行方法。犁式滑行时,双脚跟要同时向外辗转,双膝略有内扣,两雪板后部同时外推,使雪板呈"内八字"状,两只板尖相距一至两拳左右,两只板尾分开得越大,两只雪板立刃程度就越大,你的滑行速度也就越慢(图7.6和图7.7)。

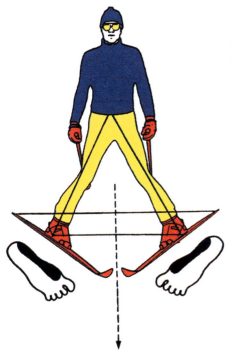

图7.6 双脚黑色部分为用力部位

图7.7 犁式直滑降的基本姿势

新手小白学滑雪

扫码即可观看

犁式直滑降的练习方法

1. 首先以中犁式在速度低、坡度缓的场地上反复练习，逐渐提高滑行难度。
2. 逐渐缩小板尾，由犁式直滑降变成与双板平行直滑降的转换练习（图7.8）。
3. 将大、中、小犁式板型互相转换练习。
4. 改变立刃大小的反复练习。
5. 改变用力大小的反复练习。
6. 加大犁式滑降的幅度和强度，进行减速与停止的练习。

图7.8　犁式变双板平行直滑降的练习

然而，犁式滑行的制动作用在太陡的山坡上就不灵了。而且犁式滑行还有一个独特的缺点，那就是向全雪场的人暗示你不太会滑雪。因此，有必要采用以下的应对方法。

74

滑下山

▶ 双板平行直滑降

　　双板平行直滑降是保持高山滑雪基本姿势状态下的滑降，简称为直滑降。直滑降在那些心中怀有"让我们征服这座山峰吧！"心态的滑雪者中很受欢迎。当你做平行直滑降滑行时，要始终保持住高山滑雪滑行的基本姿势，全身放松，依靠重力下滑，体态左右对称，重心在两雪板中间，保持两雪板呈平行状态，雪板与雪面贴合，两雪板之间的宽度与髋同宽，板尖与滚落线同时向下。滑雪者在直滑降时重心在前脚掌或脚弓处，随着滑降的速度加快，避免重心靠后。以这个姿势滑下去，然后祈祷自己平安就行了。如果你是沿着一条特别陡的滚落线滑行，可能会在滑下去之前大喊一句："走你！"以此壮壮声势。绝大多数情况下，双板平行直滑降本身不能制动，因此，重要的是事先确定山下是否有一片平坦之地能让你停下来。

　　在你直滑降下山技术动作熟练的前提下，有一个特别的姿势也可以尝试。这是一种在欧洲被称作"tuck"的重心下沉式的双板平行直滑降（图7.9）——在滑雪板上向前弯腰，双臂前伸，臀部悬空，呈流线型状态。它看起来很滑稽，而且会使大腿轻微酸痛，但这个动作会减小风阻。由于这个姿势状态下，你的身体重心较低、更接近地面，因而相对更加安全。

　　膝部僵直、弯腰、后坐、双板不平行、目视脚下、体态不对称、夹杖都是滑降时易犯

图7.9　重心下沉式的双板平行直滑降

新手小白学滑雪

的技术错误(图7.10)。错误的滑雪姿势一旦形成,很难改正!

图7.10 直滑降的错误动作

滑下山

▶ 立刃

　　立刃是指在滑雪时，将雪板一侧的板刃刻入雪面并与雪面呈一定角度。如果你不想沿着滚落线径直滑下山，就把雪板横过来，使雪板的山上侧刃刻入雪中并与雪面构成一个立刃角度，这样你可以站在山坡上。如果板刃咬合得不好，就会发现你在以另一种方式下山（见本章"横滑降"）。如果板刃咬合得当，即便是在很陡的山坡上，你也可以保持静止。因此，立刃是一个你务必要掌握，并且需要不断精进的滑雪技巧。直到你能在非常高速的转弯时敢于立刃，此时身体的倾斜角度更大，立刃的角度也更大。这个技术动作就叫作高山滑雪的平行大回转技术（图7.11）。你总能听到别人说："你会走刃，好厉害啊！""滑雪大神总是用板刃在滑雪。"（当然，他们在直滑降时除外。）

　　在你能掌握好立刃角度之后，下一步就要看看调整适当的立刃角度会发生什么。如果你的角度适当且把板尖转向山上，你就会向山上滑一段；如果你把板尖转向山下，你就会向下滑。大意就是：**如果你想有速度，那就让板尖朝下。**

图7.11　双板平行大回转

新手小白学滑雪

▶ 斜滑降

扫码即可观看

　　穿着雪板横穿一条雪道，即与滚落线呈一定角度的滑降还有一个专业术语，叫"斜滑降"。斜滑降描述了滑雪板沿着除滚落线以外的任何直线的滑行动作，包括犁式斜滑降与双板平行斜滑降。像立刃一样，斜滑降也是一种非常实用且重要的滑雪技术。立刃是斜滑降的前提与核心。最理想的情况下，在每一次斜滑降时都进行立刃——这是除了直滑降下山或直接摔下山之外最常用的滑下山的方法。

　　用犁式滑降的姿势与滚落线成一定角度的滑降称为犁式斜滑降（图7.12和图7.13）。犁式斜滑降适于初学者在缓坡上练习，有助于初学者体会形成转弯主动板的感觉。

图7.12　向左犁式斜滑降的动作

图7.13　向右犁式斜滑降的动作

犁式斜滑降的动作要领及练习方法

1. 滑雪者呈犁式滑降姿势，斜对滚落线向山下斜滑行。
2. 山下板的承重及立刃均略大些，身体的形态不完全对称。
3. 滑雪者将双板犁式直滑降与犁式斜滑降转换练习。

滑下山

双板平行斜滑降是指与滚落线形成一定角度，以双板平行的方式向斜下方滑行，通常称为"斜滑降"。斜滑降技术是高山滑雪重要的基础技术（图7.14）。

图7.14　向左双板平行斜滑降（左）与向右双板平行斜滑降（右）

双板平行斜滑降的练习方法

1. 在直线斜滑降中分别采用山上侧板外刃主要负重和山下侧板内刃主要负重的交替练习，体会两腿互换负重时的滑行感觉。两板交换负重时，不负重一侧的板也可抬起。

2. 在斜滑降中，进行左、右转体动作，转体动作幅度可逐渐增大，以提高下肢对雪板的控制能力（图7.15）。

3. 将双雪杖放在一起，平举在胸前或扛于肩后，体会反弓反向姿势的要领（图7.16）。

4. 各种练习中，要牢牢控制住正确的小"反弓形"姿势。

扫码即可观看

新手小白学滑雪

图7.15 向山下侧转体的练习　　　图7.16 肩扛雪杖的练习

在斜滑降一定距离后,你必须结束这个斜滑过程,将板尖转向山下,否则你将直接滑下悬崖、或穿进树丛或隔离带上。这种斜滑降与直滑降连接进而循环往复就构成了转弯技术。

▶ 转弯

转弯是高山滑雪的基础,各种转弯技术有着相同的原理。转弯是高山滑雪技术的精髓,蕴含着无穷的魅力,尽管有些滑雪者,特别是"小白"们可能会怀疑这一点。正常的滑下山的方式(除非是直滑降)应当是一系列连续

滑下山

的转弯。注意，你在转弯时往往并不是单纯的转弯，或多或少都伴有一定的立刃。"卡宾（刻雪，英文carving的谐音）"完成一个转弯有以下不同的形式。

犁式转弯

从雪面上的痕迹上来看，犁式转弯的地方很少有"刻雪"的痕迹——这种转弯下的雪面是被"犁"过的。在进行犁式转弯时，你在一侧雪板上施加一个比另一侧雪板更大的压力，另外那一侧的雪板减小施力或不施力。奇迹般的是，你转向了与施力一侧相反的方向。这个现象的确切原因你不用在意，只需要记住**给单侧雪板施加压力是转弯技巧的根本**。犁式转弯也是滑雪转弯的"源头"，对进一步学习、掌握其他转弯技术有着非常重要的意义（图7.17）。

扫码即可观看

图7.17　犁式转弯中身体处于"静态"

犁式转弯的注意事项

1. 在犁式转弯的练习中，时时注意保持住犁式直滑降姿势基本不变。
2. 在练习中始终注意主动板的立刃与用力。
3. 犁式转弯中的视线应大致与转弯的方向相同。
4. 两个犁式转弯的过渡阶段中（处于犁式斜滑行），应有引伸的动作，也可以结合点杖，点杖时机应在重心左右交换之前。

新手小白学滑雪

扫码即可观看

半犁式转弯

半犁式转弯是犁式转弯的发展，也是由犁式转弯到双板平行转弯的过渡阶段。半犁式转弯的开始和结束阶段是双板平行的斜滑降，转弯的过程中使一只板呈直斜滑行状态，另一只雪板向一侧推出，使两只雪板呈半犁式的斜滑状态。你需要记住在哪个阶段推开雪板、在哪个阶段合并雪板，否则你可能会直接跳过一两个步骤，直接过渡到做出了一个双板平行式转弯。如果你的确做出了平行式转弯，请试着记住你是如何做到的（图7.18）。

图7.18 半犁式向右转弯，转弯中上体尽力面向滚落线

双板平行转弯

双板平行转弯是高山滑雪最普遍应用的核心转弯技术，由于其具有省力、快速、姿态优美等特点，是滑雪者们不断追求达到的技术。在平行式转

弯的过程中，两雪板始终保持平行。一部分经过几个雪季的不懈练习掌握这一技术动作的人被告知在平行式转弯时，滑雪板应始终保持与髋同宽（两雪板之间距离10~15厘米），两雪板间距不能太宽，也不能靠在一起。这是世界范围内滑雪指导员们对平行式转弯的规范定义。这个标准极其严格，以至于只要滑雪指导员们愿意，他们就能一直有工作（图7.19）。

图7.19　一个完整的双板平行转弯

新手小白学滑雪

双板平行转弯的动作要领

在转弯的开始阶段,保持基本滑行姿势,平行斜滑降,向上引身移动重心,完成板刃转换,两只雪板的间距约为10厘米,准备转弯;转弯的过程中,保持双板处于平行状态,向弯外侧横向移动重心,逐渐屈曲内侧腿,增加外侧板承重,形成合理的反弓姿态。下肢控制雪板向转弯方向旋转,形成转弯;结束转弯后,调整身体至基本滑行姿态,形成平行斜滑降,准备进入下一个转弯。

双板平行连续转弯中的点杖是转弯的"前导",点杖的时机很重要——约在上一个转弯动作结束和下一个转弯开始时进行。点杖应略早于引身,以点杖为信号,点杖后随即引身,不点不引,一点即引,一旦引身就开始进入了转弯的过程。点右雪杖向右转弯,点左雪杖向左转弯。点杖的位置根据转弯的大小、方式不同而不同,大致点在脚前40厘米,向外20厘米。点杖主要用手腕及小臂进行,大臂要向前展伸。

多雪包雪道滑行时的大引伸转弯

扫码即可观看

大引伸转弯用于自由式滑雪雪上技巧项目中多雪包的雪道("蘑菇"雪道)。大引伸转弯这个动作是法国人发明的,他们坚持称其为"avalement",法语意思为"吸收,吞食",诠释了当你滑过雪包时,必须做出一个"屈膝"动作,同时用身体控制腿吸收脚下雪包的反弹力。要想理解这种大引伸转弯并不难,大家肯定还记得刚滑或者不小心误入"蘑菇"雪道时的惨痛经历吧?板底一撞上雪包,身体顿时就被弹飞。被雪包弹飞是因

滑下山

为我们不会吸收雪包突然上顶的反弹力,而这种大引伸的转弯技术最初就是为吸收雪包的弹力所发明的动作:你既可以控制好腰膝关节,上体挺直,双板并拢,任由雪包把膝顶向胸前(这叫被动的大引伸转弯),也可以主动屈腿轻身滑过雪包(这叫主动的大引伸转弯)。在进行大引伸转弯的过程中,我们在通过雪包时只靠腿的伸和收,而身体重心的高度基本保持不变。

滑行雪包时点杖很重要。点杖可以提供旋转力并使我们保持稳定。如果足部在雪包顶部旋转,点杖也可以用来保持身体平衡(图7.20)。

图7.20　多雪包雪道滑行时的大引伸转弯

新手小白学滑雪

大引伸转弯的动作要领：由于地形不断变化可能贯穿于转弯的始终，这对身体前后平衡是个挑战。滑雪者为了保持平衡，需要保持与坡角垂直，但也要在遇到雪包时做出调整，以至于身体虽然与坡角垂直，但与雪包形成的雪面角度并不一定垂直。踝关节小幅度屈伸可以用来协助前后平衡。雪包滑行需要不时变换旋转的速率、强度和时机。转弯时上身保持稳定，腿部旋转，形成良好的旋转分离。线路的选择也影响着滑雪者转动雪板的难易程度。在雪包顶端做转弯时，由于雪板雪面接触减少，阻力也较少，所以需要较少的旋转力。

跳转

跳转是一个在陡峭的雪道及野雪中会用到的技巧。跳转通常从静止的姿势开始，跳起后需要两个雪板在半空中朝背后的方向转向。如果在跳转的过程中雪板"打架"的话，你可能会在下山的过程中进行一场引人注目的"杂技表演"。

卡宾转弯

扫码即可观看

卡宾，即英文carving，本意为"雕刻"，在雪板上卡宾转弯需要一种不同以往的技术，但没有人（尤其是滑雪指导员）可以定义它究竟是种什么技术。因此，你会听到很多不一样的建议，比如如何转动你的脚踝，如何平均施压雪板、倾斜雪板，如何协调你的肩部等。全部忽略！一副好的卡宾滑雪板可以让你随心所欲地在转弯时去"雕刻"雪面。

滑下山

横滑降

横滑降也许是应对陡坡最有效的方法，特别是对于那些不敢直滑降冲下山和不会转弯的人。横滑降包括两部分动作——山上侧刃刻雪和放平双雪板横滑。运用横滑降即双板平行横在坡上、垂直于滚落线，当两个滑雪板同时放平时，雪板将带动你向山下侧面滑下，直到山上侧雪板刃再刻住雪面，你就会停下。因为一些无需解释的原因，当你平安到达山下，朋友们可能会聚在一起过来"嘲笑你"。这是最不公平的，是对最有效的下山方式的一种完全不应有的嘲讽（图7.21）。

扫码即可观看

图7.21　横滑降

新手小白学滑雪

▶ **制动——减速与停止**

人们经常忽视减速与停止（就是通常我们说的"刹车"）技术，在练习的过程中免不了有很多次臀部先着地的时候。滑雪者们需要根据滑行速度、地势坡度采用不同的方法来制动，例如犁式制动和平行制动。

犁式制动

扫码即可观看

通过犁式板形完成制动的技术叫犁式制动。使用犁式制动时，保持犁式滑行的姿势，逐渐降低身体的重心，推开板尾，加大两板内刃的立刃程度，增加两腿用力向外推雪的力度，直至完全停止。犁式制动用于缓坡或慢速时的制动（图7.22和图7.23）。

图7.22 中"犁式"减速

图7.23 大"犁式"停止

平行制动

平行制动是滑雪者利用双板平行向外侧推出，增加雪板迎角来增加滑行阻力，从而达到制动目的的技术。平行制动时相当于做出了一个平行转弯直至雪板与滚落线趋于一个直角。当雪板垂直于滚落线时，即可完成制动。此时，身体重心向山上侧适度倾斜，保持住身体的横向平衡。平行制动用于陡坡或速度很快时的制动（图7.24和图7.25）。

扫码即可观看

图7.24　双板平行转弯制动

图7.25　双板平行急转弯制动

▶ 为滑雪做的准备

主要是指滑雪前的热身锻炼。这是滑雪运动员和滑雪爱好者们应当认真做的事情。事实上，大多数滑雪者对此谈论得很多，但很少有人能真正认真对待并做到持之以恒。如果你不想在滑雪时拉伤韧带，那么请重视滑雪前的热身锻炼。

除了热身锻炼，你还要注意总结一些教训，坦率地承认你为了学习滑雪曾有过很多教训。没人会知道你为了学习基础知识花了一整个月的时间。

新手小白学滑雪

一般在滑雪学校，你将与其他20人一起跟一名滑雪指导员学习如何滑下山。滑雪学校是一个很好的结识人的场合，你会在此发现（希望你会发现）还有一些比你滑得更烂的人；你会在此结识形形色色的滑雪爱好者；你还会在此发现你的滑雪指导员或同学说着不同的方言甚至不同的语言。所以当你听到他们说着你听不懂的话，你对要做的动作充满疑惑、不知所措时，都不必惊讶。学习的速度取决于你报名的是一对一课程还是团体课程。一堂一对一课程大约相当于五堂团体课程的效果。所以如果你有机会报名学习，充分利用这个机会好好学习并巩固以下基本技术：滑雪时的基本站姿、摔倒后如何站起来、如何转弯以及如何在雪道上制动。这些都是非常实用的，可以帮你更好地应对以下几种情况。

冰面

目前还没有太好的滑雪技术能够帮你驾驭雪道上的冰面，像立刃这样的滑雪技术几乎在冰上没有作用。当大多数滑雪者滑过冰面时，他们会恐慌，然后试图转弯或制动，接着来了个"劈叉"动作而摔倒。当然，相比于转弯你更应该清楚——你压根儿就不应该在这条雪道上！

冰面是滑雪者们首先应当警惕的，因为它可能会在任何时候、任何地方突然出现，即便是在表面被压过雪的雪道上（你就算再吹牛也别说你喜欢滑冰面）。好消息是确实有一个应对冰面的策略；坏消息是运用这个策略时你会摔跟头。如果你在滑行时来不及避开冰面，那么就振作起来，然后严肃地告诉你的同伴："好，首先我要给你展示一下遇到冰面时你会非常容易犯的错误，然后我再展示应当如何正确地滑雪。"

当他们来到你身边询问你是否需要救护时，记得问一问他们是否注意到

滑下山

了你故意呈现出的错误。不论他们怎么回答，记着要说："别担心，我一会儿会带你滑过去的，那些想回来的人可以好好再学一遍。"

粉雪

所谓"粉雪"可不是粉色的雪，而是一段未经压过的、没人滑过的、滑起来会有唰唰声音的、溅起来像白砂糖似的、摔倒后顶多砸出一个坑但身体并不会摔疼的、快速滑行时雪板会在雪面上但慢下来可能会没到你膝盖的雪。滑粉雪的时候，你会感觉到脚下的雪像丝绸一样柔软顺滑，整个人随着雪地的起伏而上下漂浮，如同飞翔的感觉。雪板划开雪面的感觉如同热刀切过黄油，板头会把最表层的雪撞飞，就像船头破浪掀起的浪花一样。因此，在粉雪中连贯滑行是许多滑雪者的梦想，但滑粉雪也有它特有的难度。滑雪者要习惯在滑行时看不到自己的脚和雪板。由于雪板是在雪中滑行，而不是雪面上，因此滑行阻力也较大。喜欢吹牛的滑雪者们经常与人讨论滑粉雪或是在哪里滑粉雪会非常刺激，但事实上他们很少去亲身实践。

当别人问你如何在粉雪中滑行时，你需要知道粉雪滑行需要几个关键点，那就是——"雪板是宽板""保持一定的速度"，剩下的就是"看你压板有多用力"，然后迅速转移话题。

如果你足够莽撞，穿着传统的雪板去滑粉雪，那么请记住一个重要的建议：为了你在2米厚的粉雪中寻找雪板能省点时间，最好系上一对"绑带"，将雪板与雪鞋连结在一起。即使你不打算使用绑带，如果发现有人需要时，你也可以把绑带送给他们。

▶变化多端的野雪道滑行

在雪况变化多端的道外滑行,滑行方式完全取决于雪面的情况,因此在野雪、冰面、雪包、陡峭地形和平整雪道上用到的所有技术都需要综合使用。提升视野的广度和预判雪况的能力,培养自己对雪板与雪面互动的感知,这些技术都可以极大地提升应对能力。

生存的技艺

8

新手小白学滑雪

滑雪是一项高危险性的运动。对滑雪者来说,加强自我保护意识,提高心理素质是必不可少的。特别是"小白"们,要成为滑雪"大神",既要了解滑雪运动、了解自身能力水平,还要了解滑雪环境的大致情况,明确在各种环境中生存的技艺。

▶ 雪崩

关于雪崩,它们可不是白被称作"白色杀手"的(图8.1)。当谈及这个话题,迟早会有人问你是否曾亲身经历过。如果你的听众配合,说几句敷衍

图8.1 雪崩

生存的技艺

的话一带而过，比如："雪崩可不是开玩笑的。我……算了，谁也不想遭遇雪崩。"

当别人要求继续讲时，先停下来，并坚定地凝视远方。在营造些适时的安静之后，让你的嘴唇微微颤抖并轻轻地说："雪崩的事，说来不易……"当然，确实是不容易，因为你对它几乎一无所知。接下来，神秘地说，"你知道发生雪崩时，卷在空中的雪速度可达近每小时300公里吗？即使对我来说，别说滑在它前边，想活着下来都不容易。"

如果这么说还没有令他们瞠目结舌，那就继续说："你们知道吗，一块1米见方的雪块大概就能有小1吨重。"想象一下，一个足球场那么大的雪堆从山上滚下来在后面追你，结果可想而知。当你一边沉思着用手反复搓着大腿，一边继续道："好在我没有在雪崩里牺牲，算是为数不多的幸运儿吧，但是我再也不想去那种地方滑雪了。"

雪崩有两种基本形式，即松雪雪崩和雪板雪崩。这两种雪崩可都不是闹着玩的。松雪雪崩通常位于更陡峭的路线上，在这种路线上雪板留不住，开始下雪后在新雪的重压下雪坡就会崩陷。最好的求生之道是：**一旦看起来要下雪，就离开这块地势陡峭的区域**。雪板雪崩（最常见的一种雪崩）通常位于30°~45°的开阔坡面上——这种坡面表面上看似是一条很好的滑雪路径，可实际上却是非常危险。雪板雪崩可由滑雪者体重的作用引发，同时发出"砰"的声音，雪板随即破碎；也可由自然因素引发，一扫数百米，甚至经过平坦的雪面。避免的方法就是大雪后先待几天，让雪层之间冻结实（但危险仍可能存在很长时间）后再出发。走路的时候注意空洞的"砰砰"声，这是雪层不结实的信号。如果你收到了这种信号，最好尽快下山。

新手小白学滑雪

▶ 冰川

冰川就是移动着的冰河,可以将沿途的一切都粉碎(图8.2)。幸运的是,它们的速度一般每天都不超过几厘米,这样即使是热带国家的业余滑雪队员也能保持领先,但在阿拉斯加和冰岛,冰川可以以每小时40厘米的速度移动。

冰川形成于高山之上,高山除了要有一定的海拔外,还不能过于陡峭。如果过于陡峭,落雪就会顺坡而下,形不成积雪,也就谈不上形成冰川。雪花一落到地上就会发生变化,随着外界条件和时间的变化,雪花会变成完全丧失晶体特征的圆球状雪,也称为粒雪。粒雪在热力和压力的继续作用下,压紧、冻结或发生重结晶形成块状的冰川冰。如果经验能帮你辨别出冰裂隙的位置,那你也可以在这种粒雪原上滑雪。还有一些关键词,比如"冰塔"(冰川表面林立的、引人注目的雕塑形冰柱),"冰碛"(冰川两侧和末端

图8.2 冰川

的碎石碎片）和"鼻山尾"（冰川可将迎冰川的一头山包磨得又陡又窄，另一头相对较宽，冰碛常沿宽的一头后方堆积。冰川消失后远远看去，山包已变成了一个巨大的鼻子状，称为鼻山尾）等。熟悉这些术语将使所有正在听你讲话的人对你刮目相看。

▶ 冰裂隙

掉进过冰裂隙活着出去的概率很小（图8.3）。掉进冰裂隙的原因首先是因为疏忽，而不是出于胆量。你需要了解冰裂隙是什么，冰裂隙是指冰川中的裂缝，是由冰川运动和冰川不同位置运动速度不等而造成冰的断裂，继而

图8.3　冰裂隙

产生的大洞。冰裂隙通常很深（有的深达60米），非常危险，而且很难被发现，因为冰裂隙的边沿经常被雪遮住。这意味着，当雪在滑雪者的重量下崩塌时，冰裂隙会突然显示出真实的样子并把位于裂隙上面的人吸进冰层深处。

如果有人不幸坠入冰裂隙中，救援往往是徒劳的，因为他就算不是被摔死，极寒的温度也是致命的。大多数专业的营救队员对困于冰裂隙的人也是难能相助。

▶ 暴风雪

寒冷、无情、不可预测的暴风雪会降低可见度，甚至到伸手不见五指的程度（图8.4）。当暴风雪发生时，最好的办法就是摸索着走到最近的一个山间餐馆躲避，然后安心地等待暴风雪结束。但是，往往暴风雪一整夜都没有停止，所以你必须整晚都在餐馆里。后来，你告诉你的朋友你们当时必须挖一个雪洞逃生，在寒冷的温度下坚持了近10个小时。

如果置身于茫茫雪原或山野，找不到可以躲避的场所，露天受冻、过度活动会使体能迅速消耗，此时应减去身上不必要的负重，在合适的地方挖个雪洞避身，只要物质充分，在这种方式下你可以坚持几天。

生存的技艺

图8.4 阿尔卑斯山某雪场暴风雪

困在缆车上

被困于缆车上是你能感受到的最冷的、最令人厌烦的处境之一，这种处境会因靠在上风口或旁边挨着一个话痨而变得更糟。此时此刻，千万不要盲目自救！尤其是千万不要试图从缆车上跳下来！不要惊慌，耐心等待救援人员的到来、说不定你可以体验一次免费的威亚❶（图8.5）。

图8.5 工作人员正在救援困在吊椅缆车上的滑雪者

---

❶ 威亚：俗称吊钢丝，是指用于保护运动员的装置，一般是用结实的绳索绑在运动员的保护带上。现在电影拍摄也常用威亚，不过绳索用的是极细的钢丝，以免露出破绽。

▶ 冻僵的手指

滑雪时外界环境远低于体温。如果不注意保暖，长时间处于低温环境中很容易发生冻伤事故。因此在滑雪时应选用保暖效果较好的羊绒制品对手部及脸部进行保温。如果手指冻僵，有个传统的办法就是把手自然垂下，然后用力摇晃，以保持血液流动。这种方法多多少少会有些作用。

▶ 雪炮

图8.6 雪炮

雪炮是指人工造雪机。滑雪场用雪炮造雪来覆盖几万平方米的贫瘠、多石的山坡。至于雪是如何在雪炮里制成的大家可以尽情猜测——应该与温度、水压、地下管道和蓄水池等有关（图8.6）。

重要的是要知道它们的位置。就像雪道照明灯一样，雪炮都"埋伏"在雪道两侧，列阵等待着滑雪者的到达。当你发现自己正滑过两台雪炮间的一团浓密的人造雪中，没有什么推荐的方法可以供你采纳。我的建议是闭上眼睛祈祷自己平安。

生存的技艺

▶ 滑雪后的社交娱乐

滑雪后的社交娱乐是广大滑雪运动员滑雪活动中的重要组成部分。滑雪后的娱乐活动起源于法国，近年来在我国也越来越流行。它是指一天结束时的狂欢——滑雪者们聚在一起，喝点酒，然后肆无忌惮地大侃他们一天的滑雪成绩。

在滑雪后的娱乐聚会时，有一些基本规则需要遵守：

◆ 一定要确保你们中有一个人能保持清醒，能把其他人带回家。
◆ 不要在寒冷的环境中对着灯柱小便（除非有人准备好能来救你）。
◆ 避免过量饮酒。

▶ 山间餐厅

在山间餐厅（图8.7），一切费用都是地面餐厅的3倍。计算费用的公式大概是：海拔每提升200米，价格约增加50%。

山间餐厅也可以靠门口的标牌来识别，上面写着"本餐厅不供应免费洗手间"——因为在山上再也没有其他地方可

图8.7 意大利多洛米蒂山间餐厅

101

以让你放松休息了。在法国,许多山上的卫生间都是在餐厅里,在这里使用卫生间的费用相当于一杯威士忌的价格。

▶ 高海拔地区

如果不太过于苛求挑战自我,克服高海拔反应是不太难的。但是,既然雪季是一年中你可以好好挑战一下自我的好机会,也需要为此做好准备。如果你曾经亲眼目睹过一条搁浅的鱼在河岸上喘气,你就能想象到第一次在高海拔地区的雪道上滑行时的样子。有时在高海拔地区滑雪很难适应。尤其是在美国科罗拉多州,许多滑雪胜地都位于海拔近3000米的地方。

高原反应是人体急速进入海拔3000米以上高原,暴露于低压低氧环境后产生的各种不适感。常见的症状有头痛、呼吸困难等。高原反应是那些不愿意承认自己长期亚健康状态的人的常见借口。但高原反应也有一些优势。例如,它不需要太多的酒精就能完全失去意识。如果你高原反应比较强烈,可以考虑喝一点酒,因为就算宿醉在一定程度上都比高原反应更容易忍受。

高海拔地区有两个很实用的常识,包括:

1. 在海拔1500米以上的山区,煮熟鸡蛋的时间是地面用时的两倍。

2. 海拔每提升1500米,紫外线强度就会增加20%,而雪会反射高达85%的紫外线。

▶ 救援

通常包括救援雪地摩托或由2~4名穿着滑雪板的救援人员前后抬着一个帆布担架,采用这种方式运输雪道上受伤的滑雪者(图8.8)。

生存的技艺

图8.8 雪场救援

▶ 受伤

有几种常见伤是大多数滑雪者都曾遭遇过的，其中"膝盖扭伤"可能是最常见的。滑雪伤近一半都在腿部，另一半在膝盖，其他常见的受伤部位是肩部。如果你摔倒时直接撞击到的是肩部，就不需再渲染你的痛苦了，因为此时你的痛苦无需渲染也是所有人都能感受到的。

即使你的伤不重，也要及时处理，如果是伤在膝盖，应立即避免损伤部位的活动，可以用雪或冰块冷敷。不必大肆渲染你伤得不轻，也不要冒险让伤势继续恶化；然而，如果你的伤势很重，记得要极力渲染它。正确的方法就是说："实在是疼得难以忍受，但我不会被这座山征服。"你的伙伴和你一样也会流下眼泪，随后会对你如此坚定的信念深表钦佩。

有一种防膝伤的装备或许你会考虑购买，特别是在你觉得滑雪能力即将暴露，你必须为可能的危险做好预防措施的时候——买一个高科技的膝关节保护支架，然而这会限制你的滑雪动作。如果不嫌累，两条腿都戴上保护支架，会让你像瘸子一样走路。

▶ 应当避免的伤

一个瘀伤的臀部会成为让你朋友开心的谈资。更糟糕的是，这表明你不能滑雪了；扭伤的拇指和往肉里扎的脚指甲也是应该避免的，十指连心，指甲扎肉的感觉是难以忍受的。别说滑雪了，这些伤痛会让你难以入眠、脾气暴躁，甚至毫无同情心。

总而言之，滑雪者应当掌握科学的滑雪方法，加强自我保护意识，选择合适的滑雪装备，遵守雪场的安全规范。滑雪者还要在滑雪前调整身体，使身体处于良好的运动状态，在思想上重视运动损伤的预防。

9 雪的知识

如果你想吹牛自己是滑雪"大神",那么必须对不同形式的雪了如指掌。大多数滑雪者都会发现滑雪场的雪有多种状态。雪的状态或类型取决于很多因素,包括温度、大气中的水蒸气、降雪时的风速以及雪落地后所经历的变化等。你可以通过观察雪并向你的同伴讲解你的发现这种方式来给他们留下深刻的印象。"雪球测试"是一个很重要的方法,你不必知道这个方法应该证明什么,它与"黏合"有关。如果你抓把雪,雪在你手里能够黏合成一个雪球,那么雪可能是旧的;如果雪不能完全黏合,那可能就是新雪。

雪也分好多种,不仅不同地方的雪有所不同,同一个地方的雪也不尽相同,甚至每天不同时段的雪也不同。下面就详细介绍一下。

▶面条雪

经压雪机压成的平整、密实的雪道上面有一条一条的细脊,很像压面机里压出的面条,面条雪因此得名。与光滑的雪面相比,这种条纹状的雪面让滑雪板吃雪更深,还能更好地回应滑雪者的力。新压过的面条雪非常令人赏心悦目(图9.1)。

▶粉雪

粉雪一般是指刚刚下过的、尚未融化且还未被滑雪者滑过的新鲜雪。粉雪干燥、蓬松、有弹性,抓一把不会黏合成雪球。当你在粉雪上面行走时,它会发出"吱吱"声。粉雪一直被滑雪爱好者们奉为雪中极品,而且每位滑雪者都梦想着雪道最好能有10厘米左右厚的粉雪层(图9.2)。

雪的知识

图9.1 面条雪

图9.2 粉雪

107

春雪

春雪一般是指冬末经早上九十点钟的太阳融化了雪层顶部形成的一层1~2厘米深的柔软表层雪。春雪极适合卡宾转弯。这层雪过了午后会因为融化过深变得泥泞，继而就不再适合滑行了。在有些雪坡上，这层融化的雪层可能因为有雪崩风险而在次日一早就被封闭。最理想的春雪生存期仅为一天，融化层超过2厘米的雪面就因为水分过大而不再平滑了。那过分融化后再遇冷而冻住的雪就变成了粒雪（图9.3）。

图9.3 春雪

雪的知识

▶ 粒雪

粒雪是颗粒状、表面比较粗糙的潮雪。粒雪是白天融化晚上又重新冷凝后的结果，很容易变成烂雪（图9.4）。

▶ 烂雪

处于半融化状态的雪，部分已经融成冰水。被阳光直射后的烂雪和阴影处的雪质完全不同，滑雪者从日照区滑入阴影区时，会明显感到雪的阻力发生变化，继而可能导致滑雪者摔倒。在这种雪地上滑雪时，想加速也很困难（图9.5）。

图9.4 粒雪

图9.5 烂雪

人造雪

在天然降雪不足的情况下，雪场都会用造雪机进行人工造雪。造雪机将水雾化后喷洒向天空，雾化后的小水滴遇到冷空气便凝结成冰晶，成为人造雪。人造雪通常比较硬，但随着技术的进步，已经有了能够造出接近天然雪雪质的粉雪造雪机（图9.6）。

图9.6　人造雪

雪的知识

▶ 碴雪

　　雪面被滑雪板反复滑行碾压后融化、板结变硬成块形成雪碴。经过成百上千次的碾压后，这些雪碴会变得很硬，因此滑行时需要比较高的技巧。滑碴雪的关键是保持膝盖弯曲、灵活，并且要更加主动地滑行（图9.7）。

图9.7　碴雪

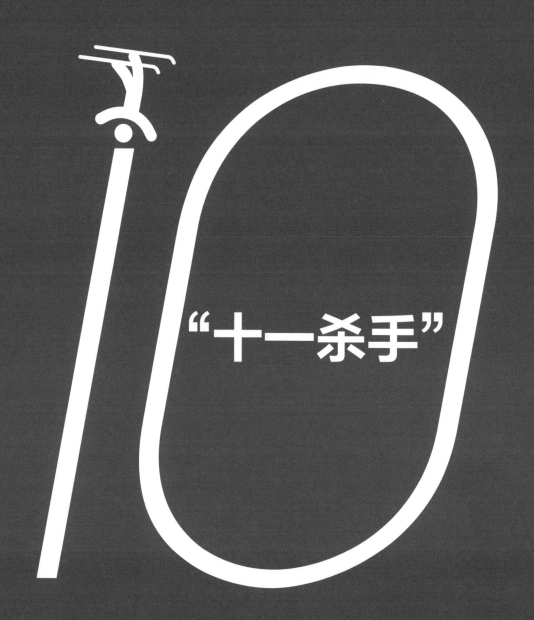

"十一杀手"

"十一杀手"

本章将介绍世界上一些闻名遐迩却又极富挑战性的滑雪胜地。对于这些雪场,你不仅应当了解一二,而且应该表明你欲到那里一试身手。

▶ 美国科罗拉多州王冠峰(Crested Butte)滑雪场

美国的科罗拉多州可谓是举世闻名的滑雪胜地,在距离丹佛4个小时车程处有一个古老的矿业小镇——王冠峰小镇,与滑雪区聚集的70号洲际公路走廊相比宛如另一个世界。2014年2月,王冠峰新开辟了一个20万平方米的盆地雪场。你可以在广袤的东部平顺赛道上放松,然后在220平方米的山间户外露台酒吧喝上一杯,或者到陡峭的北部"T"形滑道挑战自己,那里有一个接近50°的雪道,是世界极限滑雪锦标赛的举办场地。如果你真的到了科罗拉多州这一带,从山下往上看看这些令人眩晕的雪道,然后再一滑而下,尽量克制住自己,不要哭出来(图10.1)。

地址 ▶
Crested Butte Mountain Resort, 11 Snowmass Rd, Crested Butte, CO 81225, USA

联系方式 ▶
+1(970)349-2333

网站 ▶
www.skicb.com

图10.1 美国科罗拉多州王冠峰

新手小白学滑雪

▶ 美国怀俄明州杰克逊霍尔山的科尔贝茨断崖（Corbets Couloir）

　　位于怀俄明州的杰克逊霍尔山滑雪场建于1964年，是美国现在为数不多的私人经营的雪场之一。雪场最大的特点就是地形多样。论面积，杰克逊霍尔有10平方公里的可滑面积；论落差，杰克逊霍尔雪场跟雪堆山（Snowmass）和特莱瑞德（Telluride）地区难分伯仲，分享美国前三。最有特色的大吊缆Aerial Tram下的可滑高度排名全北美第一，也就是说你坐一趟缆车上山，就能从山顶滑到山底，这在整个世界上也少有可比；论地形的多样化，从U形池到树林，"蘑菇"到窄谷，悬崖到雪上公园，杰克逊霍尔山滑雪场可以说是应有尽有。有趣的地形，充足的降雪，给力的缆车，加上优良的管理，这一切使得杰克逊霍尔山成为众多滑雪发烧友的最爱。

地址 ▶
Jackson Hole Mountain Resort, 3395 Cody Ln, Teton Village, WY 83014, USA

联系方式 ▶
+1（307）733-2292

网站 ▶
www.jasksonhole.com

"十一杀手"

　　乘坐这条一次可以运送100人上山的大吊缆Aerial Tram仅需9分钟就可以到达Rendezvous山顶。Rendezvous山顶只有黑道与双黑道，所以初级和中级雪友们就不要轻易上去了。当然，如果你只是想上去看看风景，欣赏完风景后就再坐缆车下山吧（图10.2）。

　　Rendezvous山顶就是著名的科尔贝茨断崖了。科尔贝茨断崖可能算是全美危险系数数一数二的滑雪区了，因为在这里滑雪非常容易受伤，除非你具备能够从崖边自由落下五六米，在着陆后进入一个40°的狭长急弯，同时还能保持上身直立，还可以避开沿途陡峭岩壁的能力。事实上，滑下来后你的滑雪板不太可能还在你的脚上穿着。当你滑过一个急弯进入一个双黑钻雪道，反而算是相对安全了。你可以在YouTube视频网站上搜索到一名叫约翰·斯普里格斯（John Spriggs）的滑雪运动员，看看他在这里做后空翻的视频。令人惊讶的是，他最后安然无恙。千万别说那是你做的。这样你可能会被要求再翻一次（图10.3）。

图10.2　美国杰克逊霍尔山滑雪场的"大吊缆"

图10.3　杰克逊霍尔山的科尔贝茨断崖

新手小白学滑雪

▶ 加拿大阿尔伯塔省阳光山村（Sunshine Village）滑雪区

阳光山村滑雪场同露易丝湖滑雪区（Lake Louise Ski Area）和诺奎山滑雪场（Mount Norquay）是班芙国家公园（Banff National Park）的三个世界级滑雪区。阳光山村滑雪场也是加拿大海拔最高和雪季最长的滑雪场。这个滑雪场距离班芙小镇仅有15分钟的车程。值得一提的是，阳光山村横跨北美大陆分水岭，你可以尽情穿梭在卑诗与阿尔伯塔两省之间。这里的雪道一共有107条，其中最长的雪道约8000米，垂直落差达1070米。初级雪道占20%，中级雪道占55%，高级雪道占25%。

阳光山村的高级雪道会让你感到阳光村或许该叫"自杀山村"才更为恰当。这里有非常危险的雪崩地形。滑雪者除非备有全套装备：如收发器、雪铲探测器、嗅探犬等，否则他们是不能通过这个雪场入口的。山上有许多条滑雪道，但是有一条你可以重点关注——那就是Bre-X雪道，在这条雪道上有一段3米左右的55°坡，那里无时无刻不夹杂着恐怖的喊叫声（图10.4）。

地址 ▶
Sunshine Village Ski Area, 1 Sunshine Village Access Rd, Banff, Alberta, Canada.

联系方式 ▶
+1（403）762-6500

网站 ▶
www.skibanff.com

图10.4　阳光山村滑雪场

"十一杀手"

▶ 奥地利迈尔霍芬（Mayrhofen）小镇

迈尔霍芬小镇位于奥地利北部的蒂罗尔州（Tirol）。阿尔卑斯山最陡峭的部分就在这个小镇里，平均坡度为78°。由于其陡峭程度，迈尔霍芬山脉的雪坡非常适合勇敢的冒险者。在顶部处有一幅风趣的卡通画，上面画着一个惊恐的滑雪者绝望地抓着雪，不让自己坠入深渊。在山顶的另一侧有初级雪道，如果你碰巧发现自己走错方向站到了陡峭的那一侧，或许你最后听到的就是同伴们一边拍打大腿一边发出的嘲笑声。可别给他们这机会！

在迈尔霍芬小镇的滑雪地图广告上有一栏"安全提示"，强调了在迈尔霍芬滑雪的基本要求：

（1）优秀的体能；
（2）完美的身体控制；
（3）优秀的滑雪技术。

尽管这些要求你都不符合，但你还是应该把它们都选中，然后把地图留在酒吧的桌子上，默默离开（图10.5）。

地址 ▶
Skigebiet Mayrhofen, Penken (Skigebiet),
6292 Schwendau, Österrrich, Austria.

网站 ▶
www.mayrhofener-bergbahnen.com

图10.5　奥地利迈尔霍芬滑雪区

新手小白学滑雪

▶法国莱萨尔克（Les Arcs）滑雪场

　　莱萨尔克一直以来被认为是一个极具法国特色而又规模宏大的滑雪度假胜地。所有的雪道组成个巨大的、便捷的、形式多样的雪道网。而莱萨尔克前卫的现代主义风格的建筑则被誉为"20世纪遗产"。大部分的度假村都延续着这个风格修建。除了最新的度假区——Arc1950，它沿用了阿尔卑斯山的传统建筑风格。滑雪游客们可以在这里充分体会到法国乡村的氛围。

　　莱萨尔克的五个区：Bourg St Maurice、Arc1600、Arc1800、Arc1950和Arc2000坐落的海拔分布在810～3225米不等，滑雪区域的海拔高度主要在1200米高以上。整个滑雪区域包含了106条线路，54条索道和总共200余公里的速降坡。度假区最高点是Aiguille Rouge（也叫Red Needle），从这里出发有一条7公里长、垂直落差达2026米的雪道，可以直接到达山下的维拉罗热村（Villaroger）。

　　人们在莱萨尔克滑雪场定期组织滑雪速降挑战赛。这项速降赛事没什么特殊要求，只要沿着赛道以近每小时100公里的速度速降下山，不需要特殊技能，也不需要特殊设备，只要你敢玩命就行。你只要签下一个"免责声明"并完成比赛，之后就会得到一枚"Flying K"徽章。一旦你出发了，就没有回头路。这一公里的急速速降仿佛是生命中最长的一段距离，全程伴随着恐惧感与尖叫声。实际上这条雪道没什么大不了的，人身事故率并不高（图10.6）。

地址 ▶
Les Arcs Paradiski, 73700 Bourg-Saint-Maurice, France.

联系方式 ▶
+33 479071257

网站 ▶
www.lesarcs.com

图10.6　法国莱萨尔克Arc1800滑雪区

"十一杀手"

瑞士韦尔比耶（Verbier）的托廷（Tortin）地区

韦尔比耶是瑞士西南部的一个小镇，属于瓦莱州的巴涅地区，是瓦莱州乃至整个瑞士最国际化、最知名的高级滑雪度假胜地。韦尔比耶周围的山坡上都是极其出色的滑雪道。即便是在公共轨道交通高度发达的瑞士，韦尔比耶依然是一个不容易抵达的小镇，但这个小镇拥有着全瑞士最好的雪场，是英国王室等欧美高端客人冬季滑雪的热门地点。韦尔比耶原有人口很少，还不足3000人，但是到了滑雪季的时候，这个小山村的居住量会超过35000人（图10.7）。

图10.7　瑞士韦尔比耶小镇

如果你喜欢滑"蘑菇"，你一定会爱上托亭（图10.8）。韦尔比耶附近地区雪场的名字听起来都很唯美。如果在网上搜索"韦尔比耶"的话，就会看到很多风景优美的图片，但如果你到实地滑上一遭，就会

图10.8　俯瞰托亭的"蘑菇"雪道

切实感到托亭高级雪道的恐怖,因为那里的雪包很高,雪很紧密,坡度也很陡,每前进一段便会多一分恐惧感。当然,这还只是在正常雪面的情况下,当雪面结冰时,难度系数将呈指数上升,其危险程度不言而喻!和其他雪场一样,你必须称你在韦尔比耶滑过,但还没有到上瘾的程度,特别是如果你膝盖或臀部还有伤的话。

韦尔比耶的托廷地区是阿尔卑斯山上第一批获得黄色等级的滑雪区,这意味着你可以在这里滑野雪。如果你现在来到这里,在"野雪道"标志处拍个自拍,发个"微信朋友圈"就悄悄溜走吧。别逞能!找一个容易点的雪道滑下去。

看看托亭这陡峭的山势吧,这就是为什么托亭的雪场被称作全球"十一杀手"之一(图10.9)。

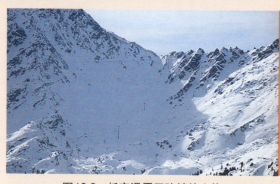

图10.9　托亭滑雪区陡峭的山势

地址 ▶
Tortin, 1997 Nendaz, Schweiz.

"十一杀手"

▶ 意大利布勒伊-切尔维尼亚（Breuil-Cervinia）的福尔根峰（Furggen）

布勒伊-切尔维尼亚位于意大利亚奥斯他谷，与瑞士采尔马特（Zermatt）一山之隔，世界著名的马特洪峰（Matterhorn）就在这里。如果有兴致的话，你可以顺便到瑞士遛个弯儿（前提是你需要有签证）。这里也是世界滑雪冠军的摇篮，如果你想和世界冠军切磋一下滑雪技术的话，来这里就对了。在这里你可能会看到意大利国家滑雪队员训练和为世界杯备赛的国际顶级滑雪运动员们（图10.10）。

图10.10　意大利福根山脉

新手小白学滑雪

福根山脉位于马特洪峰意大利一侧3492米处。曾经有一条缆车在这里有一站,然而已经废弃的Furggen-Bahn车站残骸(图10.11)仍旧矗立在这里,在享有盛名的9级高级道的起点处——而现在这一切已成历史。出于这些原因,你可以吹牛说你曾在那里滑过一次,因为很少有人能拆穿你。记住,你要说你花了将近7个小时才爬上山,在车站里躲了一晚,然后在黎明到来时,用了15分钟从山顶一滑而下。虽然这一趟极具挑战,但沿途风景实在是美不胜收!

这条始建于1953年,在1993年废弃的、极其凶险的废弃缆车站,实际上是世界上最难以接近的地点之一(想到山顶去看看车站可是一种极端的冒险活动)。

图10.11 山顶的Furggen-Bahn车站残骸

地址 ▶
Cervino Ski Paradise, 11028 Valtournenche, Aosta, Italia.

▶ 法国阿沃利亚兹（Avoriaz）

阿沃利亚兹同样坐落于阿尔卑斯山上，它位于太阳门（Portes du Soleil）滑雪区正中心，海拔1800米，共有14个滑雪站和283条滑雪道。在这里只允许使用滑雪板、敞篷马车和"雪橇的士"这三种交通方式。阿沃利亚兹也是法国首例无机动车滑雪度假胜地（图10.12）。

阿沃利亚兹滑雪度假村拥有号称整个阿尔卑斯地区最难的黑道"瑞士之墙"（Le Mur Suisse），其垂直高度差将近400米，坡度倾斜角度达到惊人的76°。人们都称其为屹立于法瑞边界的"墙"（The Wall）。对寻求刺激的滑雪者来说一定要来这里感受一下。从山顶出发，前三四个转弯你都会感觉这个山坡几乎是垂直的了。如果你没能顺利转弯，那可就麻烦了。注意，在山顶上滑行时要格外小心，如果不小心摔了一跤，你可能会以很快的速度一直摔下山，唯一能阻止你的可能是集装箱般大的雪包。假如你一直摔到了山底，会发现自己是从法国摔到了瑞士。别忘了带好护照！

地址 ▶
Avoriaz 1800, 44 Promenade du Festival, 74110, Avoriaz, France.

联系方式 ▶
+33 5 50 74 02 11

网站 ▶
www.avoriaz.com

图10.12　法国阿沃利亚兹滑雪度假村

新手小白学滑雪

▶ 美国佛蒙特州麦德河峡谷（Mad River Glen）滑雪区

　　佛蒙特州麦德河峡谷虽算不上是大型的滑雪区，但其垂直落差也超过了600米。因其滑雪地形复杂、陡峭，麦德河峡谷滑雪区曾被评为美国东海岸最具挑战的滑雪区。这里的雪道以狭窄闻名，因此增加了滑雪的难度（图10.13）。

　　如果你想成为滑雪"大神"，那么一定不能错过这个雪场。这个雪场完全适合那些以"刺激第一，安全第二"为宗旨的滑雪狂热爱好者，因此那些称常年都在这里滑雪的人无疑会让人刮目相看。

地址 ▶
Mad River Glen Cooperative, 57 Schuss Pass, Waitsfield, VT 05673, USA.

联系方式 ▶
+1（802）496-3551

网站 ▶
www.madriverglen.com

图10.13　美国佛蒙特州麦德河峡谷

"十一杀手"

▶ 瑞士穆伦（Mürren）小镇

有时候，你还需要假装自己对滑雪赛事有所了解。只有一种比赛能提供你梦想的那种荣誉——"地狱速降"（Inferno Race），因为"地狱速降"只限于业余爱好者参加（图10.14）。"地狱速降"这项赛事每年1月都在穆伦小镇举行。它是世界上最古老、最长的业余滑雪速降比赛，由阿诺德·隆恩爵士于1928年创办。自那时起，"地狱速降"一直是滑雪界的盛事。近年来，每年有多达2000名爱好者报名参加该项赛事。参赛者每隔12秒从起点出发，从海拔2970米的雪朗峰（Schilthorn）峰顶滑下。根据雪的情况，它的赛程大

图10.14　选手们正在参加瑞士穆伦的"地狱速降"

约在6~11英里（约合10~18公里）。赛程刚开始时是一段陡峭的雪坡，急转弯后是漫长的游弋赛段，途经多个山坳，还有一些较平缓的越野滑雪赛段，甚至有上坡赛段，因此对参赛者的滑雪技术要求颇高。

"地狱速降"的起点是坐落在山顶的Piz Gloria 360°旋转餐厅，因其在007系列电影《女王密使》中出现而闻名，如今餐厅还留有电影的剧照及主角手印（图10.15和图10.16）。你可以重温这部电影来体会一下这条赛道的惊险。

图10.15　雪朗峰山顶的Piz Gloria 360°旋转餐厅

地址 ▶
Skigebiet Mürren, Eggli 954D, 3825 Mürren, Schweiz.

联系方式 ▶
+41 33 856 86 86

网站 ▶
www.madriverglen.com

图10.16　Piz Gloria 360°旋转餐厅内的《007》剧照

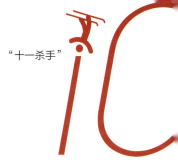

"十一杀手"

▶ 法国霞慕尼勃朗峰（Mont Blanc）

对于滑雪爱好者来讲，霞慕尼简直就是天堂。霞慕尼位于法国东南与瑞士和意大利交界的勃朗峰脚下（图10.17和图10.18）。这里是1924年第1届冬奥会的举办地，有着得天独厚的自然条件。从每年9月开始，霞慕尼地区进入雪季。两场大雪之后，勃朗峰山区就能被大雪覆盖，成为一个个天然滑雪区。滑雪季一直能延续到来年4月。霞慕尼小镇附近有13家大型滑雪场，上百条滑雪道，雪道总长100多公里。从初级的绿道、中级的红道到超高难度的黑道，各种水平的爱好者都能在这里找到适合自己的雪道。

如果你不想那么惊险，那就不妨试试Vallée Blanche一带。该地区是被阿尔卑斯山环绕着的长约20公里的峡谷。技术一般的滑雪者都可以从这里滑下去，所以即便是初学者们也可以考虑来这里滑雪。这里还有法国滑雪学校（Ecole du Ski Francais, ESF），配备了世界上最高水准的教练，不论你是初学者还是发烧友，都可以在这里得到最专业的技术支持和指导。

图10.17　法国霞慕尼勃朗峰

紧急制动是你来勃朗峰滑雪必须要掌握的基本技能，因为你将在布满冰裂隙的冰川上试探性地寻找可行的滑行路线。因此，这一带被当地人称为

"冰海冰川"（La Mer de Glace）。最恐怖的区域是在海拔3842米的南针峰（Aiguille de Midi）峰顶，这时你不得不用绳子把自己绑起来，每一步都小心翼翼地踩住嶙峋的立足点沿着狭窄的山脊走下去，此时此刻你会感叹于身边2000米垂直落差的壮丽秀美，而忽略掉周围零下八九摄氏度的气温，以及不时落下的冰雹和迎面的飞雪。你必须严格遵循导游的路线，如果不这样做，致命的危险随时可能在身旁等待着你。

地址 ▶
Aiguille de Midi, Tunnel du Mont-Blanc, 74400 Chamonix- Mont-Blanc, France.

联系方式 ▶
+33 4 50 53 22 75

网站 ▶
www.compagniedumontblanc.fr

图10.18 法国霞慕尼Vallée Blanche

77 适宜的场地

新手小白学滑雪

▶ 基本标准

在选择滑雪场时,**海拔高度、雪道及地形、雪况与自身技术状况匹配**等硬性条件必须要考虑,这些信息从官网上搜索再做对比,你就能很容易地找到适合自己的雪场。

毫无疑问,滑雪场的海拔越高越好。海拔越高,雪场的天然雪越多。雪的深度至关重要,12厘米是可以在上面滑行的雪道厚度最小值。根据我国滑雪场管理规范,雪层压实之后的厚度不少于30厘米。北方的滑雪场平均厚度为50~60厘米;而南方地区,由于气温偏高,滑雪场一般将铺到100厘米。最后,雪道方向也是一项重要的考虑因素。向阳方向的坡道雪融化得更快。因此,对于北半球而言,滑雪场朝北方向的雪道数量多是一件好事。

▶ 非必要标准

天然的滑雪场大多依山而建,离市区的距离也相对较远,许多滑雪场距离机场大概有2~3小时的车程。因此,福布斯在评选北美TOP 10滑雪场的时候,距机场仅35分钟的车程这一项就给杰克逊霍尔山滑雪度假村加了不少分。在法国瓦勒迪泽尔滑雪场,每一条雪道都覆盖了无线网络,即使身处海拔1850米的山顶,也可以接收到网络信号。在野泽温泉滑雪场(Nozawa Onsen Ski Resort)有众多的传统日式旅店。最妙的是如果你在滑完一整天的雪后感到些许疲惫,可以晚上泡泡温泉舒缓身心。总而言之,除了滑雪之外还能有丰富的活动可供选择,此番旅行才能真正成为一种享受。

适宜的场地 11.1

▶适宜滑雪的国家

瑞士

　　瑞士的国土面积仅有4.13万平方公里（仅相当于中国河北省面积的四分之一），但瑞士因拥有13条齿轨铁路、50辆登山缆车、200多个滑雪场、总长约7400公里滑雪道、600余条空中索道、4000多名专业滑雪教练而被世界滑雪爱好者誉为"滑雪天堂"。高海拔保证了大量优质的雪源；长雪道让滑雪者尽情享受极限挑战。高效的航班衔接，加之四通八达的公共轨道交通系统，吸引着世界各地的游客来瑞士悠享冬日假期。

　　值得一去的瑞士滑雪理想地包括：采尔马特（Zermatt）——素有"冰川之城"的美称（图11.1）。38座海拔4000米以上的高峰围绕着采尔马特，滑雪道总长达245公里；达沃斯—克洛斯特斯（Davos Klosters）——瑞士最著名、

图11.1　瑞士采尔马特马特宏峰

新手小白学滑雪

历史最悠久的滑雪度假胜地，滑雪道以质量高、距离长而闻名，这里非常受皇室欢迎；穆伦（Mürren）——阿诺德·鲁恩爵士在这里发明了高山滑雪的回转技术；圣莫里茨（St. Moritz）——瑞士著名的高级度假区，气候舒适宜人，历来以举办高水平冬季运动活动而闻名于世，滑雪设施的水平极高，历史上举办过两届冬季奥运会说明了这一点；格施塔德（Gstaat）——即便是夏天也可以进行滑雪运动，这里是欧洲各国皇室成员及电影明星的高级疗养地。

法国

法国的滑雪场如同法国的美食与红酒一般，绝不是浪得虚名。得天独厚的地理环境与便宜的价格使得法国成为在欧洲阿尔卑斯地区滑雪的第一选

图11.2　法国霞慕尼南针峰

11.1 适宜的场地

择。法国具有得天独厚的自然条件，境内的阿尔卑斯山脉位于北纬37°"黄金线"上，山脉绵延不绝，尤其是拥有高海拔冰川的滑雪区比比皆是。常年不化的积雪保证了优良的雪质以及从11月到来年5月初的超长雪季。正是上天赋予法国如此完美的自然条件，孕育了法国具有世界上规模最大的滑雪场群。另外，法国滑雪的性价比很高。法国的滑雪成本要远低于邻国瑞士、奥地利和意大利等。最后，从国内去法国滑雪，不管是飞日内瓦还是飞里昂，都有大巴车直达滑雪城市，如格勒诺布尔（Grenoble）、尚贝里（Chambery）等，有的摆渡车甚至可以直达雪场，且车程都不超过3个小时，这绝对是下了飞机就能上山滑雪的节奏。瓦勒迪泽尔是终极滑雪胜地；霞慕尼是滑雪行家的必去之处（图11.2），而三峡谷（Les 3 Vallées）的库尔切维尔（Courchevel）滑雪场可能是享乐主义滑雪者的最佳选择。

奥地利

奥地利在世界上并不是一个新闻很多的国家，奥地利人相对比较低调。如果你喜欢滑雪，就一定会知道，奥地利这个只有8万平方公里国土面积的国家是世界上当仁不让的滑雪帝国，其滑雪总量占全世界的五分之一，仅是每年的缆车收入就超过了8亿欧元。奥地利西部的蒂罗尔州地处阿尔卑斯山脉，几乎遍地都是滑雪场，村与村之间还有越野滑雪赛道。因此，这里遍布滑雪客，几乎人人都是滑雪健将。你还会在很多地方看到三四岁的孩子也在滑雪。

奥地利的雪场美不胜收，抬头是湛蓝的天，周围是看不到尽头的阿尔卑斯山，在这里滑雪很是惬意。滑完一天雪，再去酒吧里坐坐，和当地人一起唱唱Schlager（德国一种流行音乐，在雪场酒吧盛行），喝喝Schnaps（一种烈酒）。这样的生活真的可以让你忘记城市的喧嚣，深深体验一下大山里人

新手小白学滑雪

民的快乐生活。

奥地利适合所有级别的滑雪者,而且绝大多数滑雪场的价格十分亲民。但圣安东(St. Anton)滑雪场是个例外(图11.3)!圣安东不仅是奥地利最大的滑雪场,还因其大量的野雪道,而是世界一流的专家级滑雪场。圣安东的高级雪道具备世界级赛道水准,虽然数量不多,但每一条都独具特色,适合技术高超的滑雪者挑战。位于萨尔斯堡南部的斯拉德明(Schladming)是奥地利另一大著名滑雪区,在海拔2700米的达赫斯坦—格莱斯切尔(Dachstein-Gletscher)主峰上有四季滑雪场,在那里即便在夏日也能体验身着比基尼滑雪的惬意。最后,不推荐广大"小白"们到基茨比厄尔(Kitzbuhel)滑雪,尽管这个地方历史悠久而且非常漂亮,但这里有条著名的"全世界最惊险"的滑雪死亡之道——The Streif。

图11.3 奥地利圣安东小镇

适宜的场地

意大利

坚持娱乐性与美感的结合,没有哪个国家能比得上意大利了。

专业的滑雪者与追求时尚的旅行者都不会错过意大利。关于滑雪,你一定会赞叹意大利的雪场之美。尤其是意瑞边境的多洛米蒂(Dolomiti),这是一个神奇的地方,那种毫无保留的美一定会把你征服。该地区的山间小镇科尔蒂纳丹佩佐(Cortina d`Ampezzo)更是世界级的滑雪重镇,也是欧洲时尚的麦加圣地(图11.4)。1956年的冬奥会就举办于此,而如今科尔蒂纳丹佩佐又成功获得了2026年冬奥会的举办权。另外,你还可以来到布勒伊-切尔维尼亚(Breuil-Cervinia)滑雪场和全世界最美又最难攀登的雪山马特洪峰来个亲密接触。如果你喜欢酒吧,那没有比派对小镇绍泽杜尔克西(Sauze d'oulx)更"嗨"的了。

图11.4 意大利滑雪胜地科尔蒂纳丹佩佐

新手小白学滑雪

美国

美国的滑雪产业发展完善，从雪道设计、雪崩防护、缆车配置、滑雪教学，到雪场餐厅、会员服务、医疗救援等雪场相关运营、管理的专业程度均处在世界前列，毫不逊色于日本北海道、法国阿尔卑斯地区等滑雪胜地。无论是初学者、发烧友，还是滑雪"大神"，美国都是收获顶级滑雪体验的绝佳去处。最令人垂涎欲滴的当属落基山脉了。落基山脉赋予了美国和加拿大得天独厚的滑雪环境。科罗拉多州的一些滑雪场滑雪高度接近3000米，有的更是超过3600米。在美国和加拿大，从东海岸到西海岸有超过1500个滑雪场，所以你可以自信地宣称曾经滑过其中的几家。美国东北部的佛蒙特州不乏好雪场。如果你坚持用在伍德斯托克（Woodstock）的"Suicide Six"雪道上的表现打动听众，当他们搜索"佛蒙特"这个地方后也会发现这片地区同

图11.5　美国科罗拉多州阿斯本小镇（一）

适宜的场地

样有很多适合各类型滑雪爱好者的平民雪场。不过最好还是选择科罗拉多州的阿斯本（Aspen，图11.5和图11.6）和特莱瑞德（Telluride）这样的知名雪场。有一些可以彰显出你对这一带了如指掌的话题：阿斯本及特莱瑞德一带过去曾经是落基山脉中的银矿区，由于东西漂移的大西洋和北美大陆板块碰撞、断裂、挤压出高耸入云的山岭，也将深埋这里地下千万年的银矿带到了地表，其产银量曾是世界之最。19世纪下半叶，西部淘金热潮刚刚开始消退，世界银价的上扬再次让满怀发财梦的人们双眼"绿光闪烁"。阿斯本银矿的疯狂开发使科罗拉多州的人口和财富都暴涨，各种为暴发户服务的产业，从银行、剧院、酒吧到红灯区，都在小镇上火热地发展起来。但好景不长，淘金热只持续了20多年，20世纪初银价的持续跌落让阿斯本的银矿相继倒闭，阿斯本也走向了没落之路。还好，大自然恩赐给了阿斯本更了不起的礼物——极大的降雪量和风景奇佳的自然环境。人们仿佛突然间睁大了眼

图11.6　美国科罗拉多州阿斯本小镇（二）

睛——原来阿斯本有这样一个取之不绝、用之不尽的自然财富。

另一个来美国必须体验的滑雪胜地——杰克逊霍尔山（Jackson Hole），坐落在怀俄明州一个小镇，在大提顿国家公园南面，这个专家级滑雪区是声名远扬的科尔贝茨断崖的所在地。

加拿大

毋庸置疑，加拿大是世界上可以最好体验直升机滑雪的国度，因此它是你吹牛的好话题。你将会在遍布狼、熊以及其他野生动物的环境中滑雪。

到加拿大滑雪，你一定要去惠斯勒（Whistler），惠斯勒这个名字的起源

图11.7　加拿大惠斯勒黑梳山滑雪场

适宜的场地

可以追溯到20世纪初的早期移民,那时周围山里的土拨鼠时常发出尖锐的、宛如口哨似的叫声,故而得名(英文"whistle"意为"吹口哨")。惠斯勒黑梳山(图11.7)是加拿大最受欢迎的滑雪胜地,自2010年作为冬奥会与残奥会高山滑雪和北欧两项比赛的场地之后,惠斯勒黑梳山更是闻名遐迩。你同样不能忽略阿尔伯塔省的班芙滑雪场(Banff Ski Resorts),它位于历史悠久且雄伟壮丽的班芙国家公园的核心位置,宽广的雪道,多变的地形,现代化的运载设备,都让她散发着迷人的魅力。它不仅世界上风景最美的滑雪胜地之一,同时还是北美最难驾驭、坡度最陡的滑雪区域之一。

▶ 其他国家

你需要全面了解世界各地的滑雪胜地,也包括一些相对小众但却不失特色的地区。

澳大利亚及新西兰

澳大利亚人认为9月是他们的"春季"。因此,每年9月也是他们的滑雪旺季。一般来说,他们的滑雪区海拔较低,这就解释了为什么澳大利亚的滑雪者相对很少。众所周知,澳大利亚是野生动物的天堂,被称为"世界活化石博物馆",可爱的树袋熊考拉、蠢萌的鸭嘴兽、名扬海外的大袋鼠,还有蜥蜴、蛇、色彩艳丽的毒蜘蛛等许多在其他地区"高贵冷艳"的动物都栖息在澳大利亚。因此,许多动物也常在滑雪场中留下身影。

139

滑雪的主要热区包括斯雷德博（Thredbo）滑雪场（图11.8）——拥有近500公顷的滑雪场地、澳大利亚最长的滑雪道，最大垂直落差几乎是澳大利亚其他滑雪度假村的两倍；以及佩里舍（Perisher）滑雪场（图11.9）——澳洲

图11.8 气势磅礴的斯雷德博滑雪场

图11.9 南半球最大的滑雪胜地——占地面积超过3000公顷的澳大利亚佩里舍滑雪场

最大的滑雪场。佩里舍滑雪场位于科西阿斯科国家公园（Kosciuszko National Park）内，其总面积达到3076公顷，共被划分成了4个不同的滑雪场——佩里舍峡谷（Perisher Valley）、蓝牛（Blue Cow）、斯米金洞（Smiggin Holes）和固瑟格（Guthega）。佩里舍滑雪场可以满足不同层次滑雪爱好者的需求，不管你是没有经验的"小白"还是经验丰富的滑雪"大神"，佩里舍滑雪场都是一个不错的选择。此外，这里还是目前澳大利亚所有滑雪场里中国游客最多的一家，可见这里对国内雪友们的吸引力之高。

新西兰似乎还没有完全挖掘出其巨大的滑雪潜力。如果新西兰人能够继续开发滑雪产业，那么南阿尔卑斯山的滑雪体验也可以与欧洲的阿尔卑斯山相媲美。其中南岛的赫特山（Mount Hutt）滑雪场和雄伟的卓越山脉（The Remarkables Range）滑雪场（图11.10）是非常值得一去的。

图11.10　新西兰卓越山脉滑雪场

新手小白学滑雪

南美洲

智利和阿根廷两国历史上总在为"打架"寻找借口,"谁拥有更好的滑雪条件"同样也是他们争论的话题。如果让你大胆地述己之见,首先就要对安第斯山脉有所了解。安第斯山脉从北到南全长约8900公里,是世界上最长的山脉,它基本与南美洲西侧海岸线走向一致。由于安第斯山脉得天独厚的海拔优势,玻利维亚在其域内开发了世界上最高的滑雪区——安第斯山脉滑雪度假村。这片滑雪区海拔近5400米,滑雪爱好者不但可以在这里体验高海拔滑雪带来的刺激,还可以饱览沿途的美丽风光。但据科学家预则,受全球气候变暖的影响,这座滑雪场将在5年内美丽不再。

图11.11 阿根廷拉斯勒纳斯滑雪度假区

阿根廷的雪场要数卡特德拉尔（Cerro Catedral）滑雪场和拉斯勒纳斯（Las Lenas）滑雪场（图11.11）。卡特德拉尔滑雪场早在60年前即是阿根廷滑雪运动的摇篮，至今保持其领先地位，是南美洲最具规模的雪场；而拉斯勒纳斯滑雪场建造于1983年，有各种坡度的滑雪道，能够满足游客的不同需求。滑雪区起始于海平面以上2240米处，最高处达3430米，总落差约1200米，机压雪道40余条，总长60余公里，总滑雪面积居南美洲之首。拉斯勒纳斯滑雪场以粉雪和长沟等复杂地势而享誉世界雪圈。

在智利滑雪首选波蒂略（Portillo）滑雪场（图11.12），它是整个南美洲最古老的滑雪度假村，滑雪中心建在海拔2055米的位于圣地亚哥东北145公里同邻国阿根廷的交界处。这里长期以来都被欧洲国家和北美洲国家的冬奥团队选作训练的场地。

图11.12　智利波蒂略滑雪场

🔷 亚洲

这片大陆为你在黎巴嫩、格鲁吉亚、土耳其、伊拉克、印度、日本及中国等地滑雪提供了绝佳的吹牛话题。中国的滑雪产业从20世纪90年代中期开始起步，如今已步入快速成长阶段，未来具有巨大的发展潜力。黎巴嫩的4个滑雪场在20世纪70年代和80年代都是开放的。很自然，你可以告诉别人这几个地方你都滑过了（尤其是黎巴嫩的雪松林），聊聊在时不时会听到"迫击炮"声的环境中滑雪时的刺激感。在格鲁吉亚，你可以去高加索地区滑雪；在土耳其，最著名的冬季旅游胜地要数乌鲁达（Uludag）滑雪度假村（图11.13）和马尔马拉海（Sea of Marmara）附近；在印度，你将为喜马拉雅山和它不可估量的滑雪潜力所吸引。

图11.13　土耳其乌鲁达滑雪度假村

11.7 适宜的场地

斯堪的纳维亚半岛

你可以远离阿尔卑斯山的人群喧嚣,前往人迹罕至的斯堪的纳维亚半岛享受野性和美丽兼具的山脉中和冰川间滑雪。斯堪的纳维亚地区以滑雪和夜生活而闻名。在挪威,到了夏天,即便在深夜你也可以在阳光下滑雪或是找个山间酒吧坐一坐,小酌两杯;到了冬天,在极光的笼罩下,穿戴好滑雪装备,肆意地从山上勇往直前,沿途的雪景怎么看都不会腻,抬头是漫天的极光,仿佛永远都滑不到头(图11.14)。你也可以说自己曾在挪威、瑞典、芬兰和拉普兰地区的雪原上滑雪时遇到过狼,而且险些被狼群追逐。

图11.14 芬兰最大的滑雪圣地莱维度假村

西班牙

想和皇室家族一起滑雪吗？西班牙王室非常偏爱巴奎伊拉-贝莱特（Baqueira-Beret）滑雪场。说不定你会在这里碰见费利佩国王。或到西班牙历史名城格拉纳达的内华达山滑雪场（Sierra Nevada），这个雪场在欧洲范围内都非常受欢迎，因为它不仅拥有西班牙其他地方所没有的优越的天气条件，而且在晴天时甚至能目睹地中海美景。想象一下在这样一座集阳光与雪于一身的滑雪场中驰骋时的惬意吧（图11.15）！

图11.15　格拉纳达的内华达山滑雪场

苏格兰

在欧洲，苏格兰的滑雪环境就算一般般的了。糟糕的天气、不怎么长的雪道以及最不受欢迎的山间餐厅，苏格兰可以算是一个不太适于滑雪的国家。但正因为如此，苏格兰得到了爱吹牛称自己喜欢到异国他乡去挑战复杂地形的滑雪者们的大力推荐。如果想到苏格兰滑雪的话，本尼维斯山（Ben Nevis）地区的滑雪场是最棒的（图11.16）。

图11.16　英国最高山峰本尼维斯山

东欧

东欧一带的滑雪场集中于波兰和斯洛伐克间塔特拉山（the High Tatras）地区、保加利亚及罗马尼亚。斯洛文尼亚、黑山和塞尔维亚的滑雪产业也有着不错的前景。但是，东欧发展最迅猛的还是俄罗斯，尤其是2014年冬奥会主办城市、也是普京总统最喜欢的城市——索契（Sochi）。罗莎库塔（Rosa Khutor）滑雪度假村是俄罗斯最大的综合型滑雪场，这里的陡坡极富挑战性，索契冬奥会高山滑雪项目都是在这个滑雪场举办的（图11.17）。

图11.17　俄罗斯索契罗莎库塔滑雪场

适宜的场地 11

🔷 中国

受地域限制，中国的天然雪场集中在北方，分为四大区域：崇礼—北京地区、新疆地区、吉林地区及黑龙江亚布力地区。位于黑龙江省的亚布力滑雪场是中国目前设施最先进、服务最完善、集旅游滑雪与竞技滑雪于一身的综合型滑雪场，主峰大锅盔山山高林密，海拔高度1374.8米，年平均气温2~10摄氏度。冬季山下积雪厚度为30~50厘米，山上积雪厚达1米左右，雪质优良，硬度适中，年积雪期170天，滑雪期120天，是开展竞技滑雪和旅游滑雪的最佳场所。崇礼地区的自然降雪虽然不算充沛，但作为2022年冬奥会的举办地区以及全中国最大的滑雪消费市场，崇礼和北京仍是当今中国最受瞩目的滑雪区域。新疆地区作为目前可考证的人类滑雪发源地之一，新疆的山体条件、降雪条件俱佳，是我国可与世界滑雪圣地阿尔卑斯山相媲美的地区。吉林地区长白山脉南端聚集了长白山、北大湖（壶）、松花湖几大现代滑雪场。由于得天独厚的山体、降雪、气温等优势条件，这里也是我国出色的野雪体验地（图11.18）。

图11.18　吉林省吉林市万科松花湖滑雪场

参考文献

1. 单兆鉴，等. 滑雪去：跟着冠军学滑雪[M]. 北京：人民体育出版社. 中国农业出版社，2013.
2. 李相如，单兆鉴. 教你学滑雪[M]. 北京：金盾出版社，2014.
3. 国家体育总局职业技能鉴定指导中心. 滑雪[M]. 北京：高等教育出版社，2019.
4. 王志峰，王笛晖，王笛贝. 实用滑雪宝典[M]. 武汉：武汉理工大学出版社，2015.
5. 李秀娟. 中国滑雪场大全. 7版[D]. 北京：中国滑雪设备网，2018.
6. Gavin McAuliffe. NZSIA Ski Instructors Manual[M]. New Zealand：NZSIA，2017.
7. David Allsop. Bluffer`s Guide to Skiing[M]. Yeovil，UK：Haynes Publishing，2018.